分身有術的

新孝道

家人照護的另一種選擇

劉詩瀚◎策畫

優照護編輯室◎撰文

晨星出版

CONTENTS ♥ 目次

前言 新孝道與舊孝道之間的衝擊與平衡 » 015

PART 1. 獨自承擔照顧責任，絕非最佳的解決方案 » 021

PART 4. 打造高齡友善空間：企業職場與金融理財 » 203

結　論　及早幫忙家人規劃照顧生活 » 217

♥ 推薦序 ♥

屬於每位照顧者的全面性照護書

詹文男　院長

數位轉型學院共同創辦人暨院長台灣大學商學研究所兼任教授

　　隨著人口老化的趨勢日益加劇，當今社會照顧老年家庭成員已成為許多民眾共同的挑戰。這本新書《分身有術的「新孝道」：家人照護的另一種選擇》，正是在這樣的背景下應運而生，為讀者提供了許多寶貴的啟發與建議。

　　本書深入探討各種照顧老年家庭成員的情境，從基本的生活照顧到心理和情感的支持，再到應對失智症等特殊狀況的策略。內容不僅提供了實用的照護技巧，還深入探討了照顧者自身的情感和心理狀態，幫助及提醒照顧者，在照顧他人的同時，也不要忘了照顧好自己。

　　特別值得一提的是，本書對於傳統孝道觀念的「翻轉」探討，這不僅是對傳統文化的一種挑戰，更是對現代社會家庭關係的一種深刻反思。書中一個案例反應出許多照顧者共鳴的寫照。這位照顧者為了照顧近 90 歲的失智父親，辭去工作，全職照護父親。經過十多年的付出，她不僅身心俱疲，還因為失去收入而擔憂自己的未來。在尋求家人幫助未果的情況下，她的生活陷入困境。一次因扶父親而受傷的經歷，讓她不得不尋求外部幫助。她透過優照護預約平台找到專業照顧

服務員，這不僅讓她有時間去治療，還意外發現這些專業人員能更有效地照顧她的父親，甚至讓他的精神狀態有所改善。

此個案讓我們了解，單獨承擔照顧責任並非最佳解決方案，透過專業照顧人員的介入有很多優點：首先，他們具備專業知識和技巧，能提供高質量的照顧；其次，作為外人，他們能與照顧對象保持適當的情感距離，減少衝突；而且照顧人員是可替換的，提供了更多選擇的靈活性。

因此，在超高齡社會來臨的今天，傳統親身照顧觀念應該有所轉變。近來專家學者呼籲提倡的「新孝道」強調，照顧不應僅限於全天候的服侍，而是應以協助取代服侍，支持長者維持自立生活的能力。這種方式不僅減輕照顧者的壓力，也提升家庭的整體生活品質。

此外，書中對於外籍看護也有深入的討論。越來越多的家庭選擇聘請外籍看護來照顧老年家庭成員。書中分享了如何有效管理和與外籍看護合作的策略，還探討了在外籍看護缺席時的應對方案，這對許多家庭來說無疑是一大幫助。

不僅止於此，本書還涉及了許多其他重要主題，如企業員工的家庭照顧問題、高齡金融規劃等，這些都是當前社會中極需關注的課題，內容不僅提供了實用的建議，還鼓勵讀者思考更深層次的社會和文化問題。

整體而言，這是一本非常全面且深具洞察力的作品，無論你是正在照顧老年家庭成員的人，還是對老年照護有興趣的讀者，本書都將為你提供豐富的知識、觀念和經驗。

它不僅是一本指南，更是一本關於愛、責任和認知轉變的書，筆者誠摯推薦每個家庭都應該閱讀這本書，以更好的準備迎接和應對家庭中的老年照護挑戰！

「壯世代」兼顧尊嚴和
自主性的新思路

吳春城 理事長
壯世代教科文協會理事長

在當今社會，隨著人口結構的轉變和壽命的延長，傳統的照顧模式已經不能完全滿足我們的需求，而這本書正是針對這種變化，提出了新的照顧理念，特別是針對所謂的「壯世代」——那些處於中年和老年之間，既是子女又是父母的一代。

這本書首先強調，照顧不應僅僅是孤立的、被動的「服侍」，而應該是一種互動的、能夠促進被照顧者獨立的「協助」。這種觀點鼓勵我們重新考慮家庭角色和責任，並尋求更為靈活和可持續的照顧方式。

對於「壯世代」而言，這一理念特別有意義。當他們作為照顧者，面臨著雙重壓力：既要照顧上一代，又要考慮自己及子女的需求。「新孝道」所提倡的不僅是新的照顧觀念，更是一種心態的轉變，鼓勵那些作為照顧者的壯世代找到照顧與自身發展之間的平衡。

而當壯世代從照顧者轉變為被照顧者時，這本書亦強調了保持自

主和活躍的重要性，並鼓勵他們積極參與社會生活，追求自我實現。這不僅是對個人第三人生的一種豐富，也是對社會的貢獻，從而改變傳統對壯世代的刻板印象。

此外，書中還強調了跨代合作的重要性。當壯世代在照顧父母時，他們也在為子女樹立榜樣。透過展示尊重和支持長輩的方式，他們為家庭中的年輕一代傳遞了重要的價值觀。這種模式不僅有利於當下，也為未來的家庭關係和照顧文化奠定了基礎。

「新孝道」還指出，利用外部資源如專業照護人員和社區服務，可以大大減輕壯世代作為照顧者時的負擔。這種方法不僅提升了照顧品質，還能促進壯世代作為被照顧者時的社會參與，並讓他們感到更有尊嚴和自主性。

總體而言，這是一本對當代高齡家庭挑戰的一種深刻反思和實用指南。同時，它也為壯世代提供照顧的新思路，更幫助壯世代在照顧與被照顧之間皆能找到平衡、達成自我實現。這本書是對傳統孝道的現代詮釋，既重視長者的需求，也關注照顧者的健康和福祉，是一本每個家庭都應該閱讀的寶貴資源。

建立更多照顧者支持系統

巫慧燕 理事長
中華民國退休基金協會理事長

　　《分身有術的「新孝道」：家人照護的另一種選擇》是一本極具洞察力且合時宜的著作，這本書不僅覆蓋了老年照護的各個面向，更針對護理人員、患者、患者家屬、社會、產業以及政府等多方面提供了深入的見解和實用的策略。

　　台灣正處於人口老齡化的關鍵時期，面臨著眾多挑戰，包括失能、亞健康、老年衰弱人口大量增加但家庭照顧人力的嚴重不足，以及老年人之間的相互照顧問題，「新孝道」不僅深入探討了這些問題，還從日本、美國和英國的先進經驗中汲取了創建老年友好環境及加入自由經濟和金融市場給力的多贏策略。

　　本書強調賦予老年人和家庭更多的選擇權力，提倡多元化的老年照護方式。新的孝道理念，不應只侷限於對身心失能者的長期照顧，而是提前到老化過程中對年長者整體身心靈的照護。本書以清晰易懂的方式，詳細介紹了老化常見的疾病和病徵、照護技巧、溝通方法以及輔具的使用，對於任何關心老年照護的人來說，都是必讀之作。

　　此外，此書也涵蓋了健康促進、短期照顧，甚至於高齡照護自由

市場的形成，尤其是專業護理人員的重要性，以及適應老年人口需求變化的必要性。「新孝道」還強調了新科技在居家照護中的應用，如網路預約平台和專業護理服務，為照顧者提供了更多彈性的選擇。這不僅有助於減輕家庭負擔，還能提升老年人的生活質量，同時支持家庭成員的情感和心理健康。

　　台灣在推動高齡照護自由市場的同時，還應關注高齡金融規劃，以及透過資本市場的乘數效果和企業的社會責任，以確保多元化的照護和保障。政府和社會各界應共同參與，從加強教育和宣傳活動開始，推動公眾對於高齡照護自由市場概念的認知，並且以前瞻性的思維整合資源，形成完整的生態圈和產業聚落，並透過資金的力量發揮影響力。

　　《分身有術的「新孝道」：家人照護的另一種選擇》不僅是對現代老年照護的深刻反思，更是一部引領時代的指南。

佳評如潮 （依姓名筆劃排列）

1 每個人都會老，學習家人照護不只為長輩、為自己，更是為我們心愛的下一代。本書提供學習高齡照護與高齡金融的關鍵觀念及第一手實用知識，非常值得深入閱讀！　　——中國文化大學永續創新學院院長　方元沂

2 超高齡社會，照顧的新解方。
　　——安可傳媒公司執行長 李正雄

3 時代在變，孝道要新。借助新方式新工具，盡孝長者，平衡兩代的同時，也要永遠謹記孔老夫子「色難」的教導。
　　——關愛基金會董事 吳道揆

4 從有事服其勞，到協力善其事，是新孝道的慈惠。
　　——台新創業投資股份有限公司總經理　林宇聲

5 《分身有術的「新孝道」：家人照護的另一種選擇》一書，提供嶄新的盡孝方案，以溫暖科技與專業陪伴，讓父母安心，全家放心，共同打造高齡自主新生活。　　——工業技術研究院 生醫與醫材研究所所長 莊曜宇

6 進入高齡化社會，每個人都必須具備照護長者的新觀念，以及高齡金融的新知識。　　——保德信投信總經理 梅以德

7 新的時代需要新的孝道，實現「新孝道」需要我們共同營造一個可持續、能擴大、足以支援長者自立生活、有利居家照護的在地老化生態體系。非常敬佩宏益與詩瀚近十年前共同創辦了台灣第一家短期照護媒合平台「優照護」，吹響社會創新企業推動生態體系的號角，也期許這本書可以引領台灣發展出轉化超高齡社會的全民運動。
　　——活水影響力投資總經理 陳一強

8 以專業和科技的引導，翻轉傳統孝道，支援長者自立，本書提供了全面的照護新思維，打造高齡家庭的全新模式。
　　——國科會副主委／台大特聘教授 陳炳宇

9 本書從人本價值出發，透過專業及科技的視角，闡述居家照護的新思維和新模式。　　——台大管理學院副院長暨 EMBA 執行長 陳家麟

10 高齡化社會的課題，如何做好準備讓我們老得更優雅從容，是每個人都必須學習的重要課題。
　　——彰化銀行信託處處長 陳瑞珍

11　有趣實例並輔以說明，是每個人面對老化必備的教戰手冊。
——國立臺灣大學公衛學院健康行為與社區科學研究所教授　陳端容

12　本書很全面論述高齡照護的實際案例，並開拓了「孝道」的新思維，高齡照護不一定得親力親為，交由專業照顧者也是守護家人的新選擇。
——台灣人壽策略長　葉栢宏

13　本書提供具體的「新孝道」實踐方法，讓長者及家人都能保持有品質的生活，我非常推薦！
——台大社工系教授　楊培珊

14　《分身有術的「新孝道」：家人照護的另一種選擇》是一本充滿同理心與體貼的書籍。它提供了一種新的照顧方式，讓高壓的三明治族在盡孝道的同時，也能保持生活的平衡。透過真實的案例見証照顧者的壓力得到了分擔，被照顧者得到更優質的照顧。強烈推薦給所有尋求創新照顧方式的讀者。
——前安布思沛執行長　蔡秀麗

15　本書除了對高齡照護提出系統性分析與前瞻性思考，更涵蓋高齡金融與保險策略，值得保險同業借鏡參考。
——錠律保經總經理　趙惠仙

16　台灣即將面臨變遷至超高齡化社會的課題，如何做好準備讓我們老得更優雅從容，是每個人都必須學習的重要課題。
——經濟部高齡科技產業計畫跨域專家委員　劉承啟

17　凡事都有更好的方法，這本書的高齡照護案例就像看 Netflix 影集一樣，感同身受且深受啟發，不可不讀。
——台灣科技大學資訊管理系特聘教授　盧希鵬

18　台灣社會即將正式踏入超高齡社會，如何在滿足傳統「孝道」之下，兼顧家庭中各世代成員的需求，成為所有人共同的挑戰。優照護平台串聯各方資源，透過科技輔助打造創新服務平台，累積豐富服務經驗，彙整高齡者身心靈照護指南，值得你我用心閱讀。
——台灣永續能源研究基金會董事長　簡又新

19　《分身有術的「新孝道」：家人照護的另一種選擇》是一部令人深受啟發的指南，在傳統孝道與現代生活之間架起橋樑，提供創新且實用的照護方法。這本書匯集了豐富的個案經驗，整合各專業領域的知識，深入淺出地呈現了一套完整的資源與工具，成為每個家庭照護者不可或缺的寶貴夥伴。
——蕭中正醫療體系營運長　蕭乃彰

20　這是一本愛與解答之書，在每個人都有可能遇到的漫漫照護路，推薦閱讀，從中找到屬於你的答案與選擇。
——凱基人壽股份有限公司執行副總經理　蘇錦隆

新孝道與舊孝道之間的
衝擊與平衡

　　在現代社會中，應當愈來愈重視與支持長者在自己原本的居住環境中，倚靠自身能力過生活，並進一步達成自我實現的目標。這種自立支援照護的核心在於發現長者的優勢、能力和潛力，並激勵他們找到改變的動機和創造堅持的動力。

　　在日常生活中，要能維持、改善甚至預防長者的身體狀況和生活條件的惡化。**飲水、飲食、排泄和運動這四大基本照護**，被廣泛運用在照護現場，並**被證明是讓長者恢復生活功能的重要基礎**。

　　然而，許多 50 歲以上的中年族群仍深受傳統孝道觀念的影響，覺得若無法隨侍在父母的身邊，內心便會充滿罪惡感，更有許多人因此陷入蠟燭兩頭燒的困境，甚至因照顧責任中斷了職業生涯。因此，有必要說服這一代翻轉新觀念！

　　「新孝道」強調尊重和關愛高齡者的個人需求和尊嚴。它鼓勵家庭成員在提供照護時，注重高齡者的意見和偏好，讓他們保持自主性和獨立性。同時，**「新孝道」也鼓勵家庭成員建立支持和關懷的社交網絡，幫助高齡者保持身心健康**。

　　那麼，為何「新孝道」並不要求子女必須時刻照顧父母，而是強調尊重、關懷和支持父母的生活？首先，子女應該理解，每個人都有自己的生活和需求，為父母提供全天候的照顧並非唯一表達孝心的方式。相反，他們應該要能利用有限的時間，透過更實質的關心和陪伴來彌補，並在其他方面為父母提供支持。

其次，「新孝道」鼓勵父母保持自主性和尊嚴，讓他們在退休後仍能保持活躍和參與社會。這樣的理念不僅對父母有益，也有助於提高子女的生活品質。當父母擁有自己的生活和興趣時，子女不再感到身心交瘁，反而能夠更好地與他們相處，建立更親密和快樂的關係。

第三，了解「新孝道」意味著學會平衡自己的生活和家庭責任。許多人身為子女，需面臨奔波在工作和照顧父母之間，而常常感到分身乏術。然而，犧牲自己的生活並不能真正幫助到父母。相反，若能妥善安排時間，照顧好自己的生活和事業，將能在家庭和工作之間找到平衡點的同時，更好地為父母提供幫助。

「新孝道」的實踐也並非只有一種方式，而是因應每個家庭的不同情況而有所差異。因此作為照顧者的子女需要擺脫固有觀念，善於「創新」和「適應」，以因材施教的方式孝順父母。這樣的理念也將幫助現代人擺脫道德束縛壓力，並為家庭帶來更多歡樂和溫暖。

其另一項關鍵目標，則是以實現高齡者零臥床為主軸，讓他們在家中能夠獨立自主地進行自立支援的照護。由於「新孝道」提倡照顧是「協助」而不是「服侍」，這樣才能讓高齡者保持尊嚴和自主性。例如：長期臥床會使身體虛弱，增加腦中風和骨折的風險，因此復健應從早晨開始，在床上進行簡單的運動，逐步增加身體的力量和靈活性。

同時，也鼓勵高齡者反覆練習穿脫衣服、上下床、如廁、用餐等日常動作，這是實踐生活即復能最具體的方式。每一天的新開始應該從換衣服開始，裝扮是一件重要的事，同時將睡覺和吃飯的地方分開，寢食分離，讓生活有節奏感。

更要**尊重高齡者仍有自立的能力，不過度照顧，但也不離開視線，讓他們重新獲得生活的主動權。**同時，透過活用輔具、裝設扶手、去除高低差，以擴大高齡者的安全活動範圍，在不妨礙自主性為前提

下提供更多的安全感。

　　因此，我們期待在即將到來的超高齡社會中，能夠建立一個更健全的照護模式，讓家庭中兩代人能夠和諧、一致地進步。由於照顧長輩已成為一個極為重要的社會課題，對於年輕人來說，面臨的照顧壓力只會不斷增加。

　　這樣的情況下，為了改善照顧的狀況，近年來「自立支援」的觀念已在日本和世界各國推行起來。這種觀念強調個人自主性與能力的提升，減少長輩倚賴他人照顧的情況，揚生慈善基金會更是以「3+1 強化自癒力」的方式來推廣自立能力的增強，包括飲食、運動、習慣和人際關係的加強。這個做法旨在改變長者完全依賴他人照顧的觀念，使他們能夠更為自主地度過晚年，減少臥病、臥床和病發的機率。

　　然而，當長輩漸漸年長，身體的健康也可能變得不如以往，這並不代表他們就必須放棄自立自足的能力。對於那些處於衰弱或亞健康狀態的高齡者來說，他們仍然有機會透過短期照護服務來協助自己，由於短期照護不同於全天候的照顧，只需要幾個小時的照護服務便能夠促使高齡者維持自立生活的能力。

　　從本書中所呈現的照顧案例可發現，已有愈來愈多人理解「獨自承擔照顧責任」絕非最佳的解決方案，故而求助外部的力量。照顧專家們也表示，將照顧工作委託給專業人員有以下優點：

1. 照顧本身牽涉到許多「專業知識和技巧」，經過訓練的人員能夠提供優質的照顧，並且能夠因應各種情況的發生。
2. 照顧人員雖然是「外人」，但這反而有助於與照顧對象建立和諧的互動。專業的照顧人員經驗豐富，耐心也更高，能夠承受較多情緒上的壓力。

3. 外部照顧人力是「可選擇、可替換」的，如果遇到不合適的照顧者，可以透過不同管道，例如網路平台輕鬆尋找其他適合的人選，不像家人只能默默承受到底。

　　從目的來看，「照顧」不就是為了給長輩最佳的生活品質嗎？而子女「盡孝」不也正是要重視這項要點？特別是在高齡社會中，愈來愈常見到的「老老照顧」，也就是配偶或子女本身也已經超過 60 歲，仍然承擔著照顧的責任。因此，親自照顧才是盡孝的觀念已經不合時宜來到一個轉折點了。

❀ 「科技」輔助「新孝道」

　　現代科技的應用是實現「新孝道」的重要手段之一。透過科技，子女可以幫助父母找到專業且合適的短期照護服務員，這不僅能幫助父母恢復健康，還能讓子女擁有更多屬於自己的時間和空間，這樣的雙贏局面將促使家庭成員之間的關係更加緊密。

　　在本書的許多案例故事中，都可以發現故事主角的父母年紀漸長，生活上的需求和健康問題也開始增多，照顧的子女雖然擔心父母的身體狀況，但又需忙於工作和自己的家庭，因為無法全天候陪伴父母而一直感到內疚。

　　幸好案例故事中的他／她們及時了解到能善用新的照護科技。透過網路聯繫到照護預約平台，又從平台中取得專業的短期照護服務資訊。更透過平台找到訓練有素且合適的照護服務員，定期前來協助照顧父母的健康和生活需求，分擔照顧重責。

　　現在，已經可以讓父母在家中接受專業的護理和醫療服務，這也

會使他們感到更加自主和舒適。遠程醫療和健康監測技術更讓他們得以在家中接受醫生的診斷和指導，減少頻繁前往醫院的需求；智能床墊和智慧居家系統能適時監測他們的健康狀況，提供即時報警和通知，讓子女也能及時掌握父母的情況，並採取必要的行動。

因此，子女應主動學習如何使用這些科技，例如智能手機、平板電腦和智能輔助器具等，來更有效地照顧父母，確保科技的應用真正發揮最大效益。

總結來說，運用新的照護科技也有助於實現「新孝道」，使父母在獲得照顧服務的同時也能維持自立生活，減輕子女的照顧負擔，且擁有更多時間和空間去發展自己的生活。透過融合現代科技與孝道，使家庭關係更和諧，讓每個家庭成員都能過的幸福與充實的生活。

❁ 激發長者綻放自我光芒

在此我們特別呼籲身兼工作者與家庭照顧者的子女，可以善用短期居家照護服務，協助家中長者的專業照顧，讓他們在熟悉的家庭環境中得到適切的照護和關愛。並且注重長者的心理健康和社交互動。家庭成員也可以與長者保持密切聯繫，鼓勵他們參與志工及社區活動。並與朋友和家人保持聯繫，減輕社交孤立感。

同時，應該注重長者的身體活動、營養，可以培養適度的運動和良好的營養習慣。家庭成員也能陪伴長者一起運動，進行輕度的體能活動，如散步、打太極等，以增強肌肉力量和耐力。並且，提供均衡營養的飲食，確保長者攝取足夠的營養素，有助於維持健康，從而提升他們的生活品質。

而善用社區資源也是重要的策略之一，從家庭、社區和社會中去發現生活的喜悅，鼓勵大家一起預防整天窩在家中的情況發生。透過共同努力期望長者感受到支持和關愛，並體驗居家照護的自立與自由。

　　透過自立支援照護的努力，相信長者可以重新綻放自己的光芒。也由於他們擁有無限的潛能和價值，因此社會應該致力於創造一個支持他們自主、獨立生活的環境。經由所有人的齊心協力，並透過具體的行動和支持，讓每一位長者都能在自立支援照護的理念下綻放自己的獨特魅力，享受到穩定、幸福的晚年生活。

獨自承擔照顧責任，絕非最佳的解決方案

第 1 章

你也遇到同樣的照顧困境嗎？

困境一 ▶

　　每到星期一的早上八點，徐家客廳總會傳出刺耳的哭鬧聲，偶爾還夾雜碗盤落地的聲響。

　　「我不想去上學啦！你們都只想把我送走！」面對母親尖銳的指責，意涵（化名）實在有苦難言。

　　幾年前，父親去世後，家裡便只剩母親一人，加上三個子女也都已各自成家立業，在巨大的孤獨籠罩之下，失智慢慢地找上了母親。

　　就在一場原本該熱鬧開心的家庭聚餐時，意涵卻發現母親疑似有失智的症狀……

　　「我在家裡早就吃飽了，一點都不餓！」母親大聲地說。

　　全家雖然覺得奇怪，但也沒勉強她，只當她是因為吃飯時間較晚，為了墊肚子，不小心點心吃多了，但當他們回到家，看見乾乾淨淨、連水漬都沒有的洗碗槽時，大家才發現大事不好。

　　後來經過醫師診斷，確認母親在七十歲時確診了早期失智症，幸好意涵一家人發現的算早。

　　失智症大多不可逆，在母親身上也不例外。除了忘記有沒有吃過飯以外，她還經常從市場回家後，忘記自己已經採買過，又拿著錢包

出門，甚至一再的重複買同樣的東西。

最令意涵頭疼的，是母親出現了多疑的症狀。

有一次母親突然打電話給意涵説家裡遭了小偷，她的戒指不見了，一直鬧著要報警，幾位子女怕她一個人在家危險，全都趕回家幫忙找，卻發現不見的戒指就在餐桌旁的零錢罐裡，根本沒有不見，然而，即使已經找到，母親仍堅信家裡曾有過小偷，只是沒有偷竊成功而已。

子女們實在不放心讓媽媽整個白天一個人在家，幾人經過商量，決定讓母親去離家僅十分鐘路程的日間照顧中心試看看。一開始母親相當怕生，但參與過日照中心的互動性課程後，母親和同在照顧中心的「同學們」漸漸的熟悉了起來。

「像以前上學一樣，每天都和同學一起上課。」面對女兒的關心，母親是這麼説的。生活變得豐富後，母親也慢慢開朗起來。

然而，就像上班族面對星期一的工作都會憂鬱那樣，母親也有屬於她的「憂鬱星期一」。一方面是因為週末、週日兩天都待在熟悉的家裡，另一方面是日照中心人多，在互動中，偶爾也會與人產生齟齬，所以每到週一早上，母親便總會找各種理由推託，從肚子痛、頭痛……到最後變成懷疑意涵堅持送她去日照中心的理由，總之就是千方百計的不想去日照中心。

而意涵為了送母親去「上學」，每週一都要提前兩個小時去母親家，想盡辦法哄母親出門，偏偏，過程沒有一次是順利的，也因此，意涵每個週一趕到公司上班都遲到，公司主管不只一次的提醒她要注意出勤狀況，然而，在母親與工作之間的拉扯，早已讓她身心俱疲，更何況沒有任何援助的她，又哪裡找得到解決的辦法呢？

困境二

　　肺腺癌悄聲拜訪明雄（化名）在南部老家寡居的母親——李媽媽，儘管化療的副作用讓她變得十分虛弱，但她還是一如既往的堅強樂觀，每每有親友來探視，表現出擔心或難過的表情時，她總會笑著和大家說：「怎麼樣都是生病，心情保持愉快，日子過起來也會比較輕鬆。」或許就靠著這樣的樂觀開朗，讓李媽媽挺過了痛苦的化療，平安的出院了。

　　明雄因為工作的關係，原本沒與母親同住，但母親出院後，明雄放不下心，決定每週都找時間回家陪伴母親，一方面是觀察母親的狀況，順便確認生活所需用品是否充足？有沒有日常清潔未注意到的地方？

　　在陪伴母親的過程中，明雄想起小時候生病沒胃口時，母親總會將蘋果切成兔子的模樣，好讓他更願意進食。由於癌症的治療也影響了母親的食慾，因此明雄憑著記憶，試著將蘋果切成兔子的形狀，然而一開始並不順利，往往一顆蘋果只成功一隻，為了讓母親至少吃一顆蘋果的量，就得切上好幾顆，那些失敗的「蘋果兔子」自然就全進了明雄的肚子裡，他不禁想到當時母親應該也和他一樣吞下許多失敗的「蘋果兔子」，一時間竟有點想笑，一種帶著某種悲傷的笑。

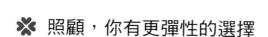

※ 照顧，你有更彈性的選擇

從上面兩位主角的困境中，我們可以看到，在職場壓力與照顧失智母親的拉扯中，幾乎心力交瘁的意涵，以及一直處在無法二十四小時隨侍在母親身邊而深深自責的明雄，而不論是意涵還是明雄，他們所處的情況與心理掙扎，絕對不是特殊的案例，——在現今社會已是屢見不鮮的狀況。

在很多人的刻板印象中，常認為高齡者照護須一天二十四小時不間斷，因此當前照顧產業所包含的自費機構、自費看護、外籍看護，大部分仍是以長時間、固定時間的方式提供服務。這種模式不僅服務時間較不彈性，且所需支付的費用對一般家庭來說，也可能是一項重大負擔。

因此，「短期照護」服務（Short-Term Care）絕對是一種適合更多人的需求及選擇，尤其對僅處於衰弱或亞健康狀態的長輩而言，其實不需要每天且二十四小時的全天候照護，更好的選擇是每天僅安排三至十二個小時，或是一週裡排定三天或三天以下，也或是一年裡只需要安排一至兩個月（如跌倒後協助復原）的短期照護服務，便可達到既可協助改善他們的生活，對家庭照顧者來說，也可以因為有專人介入協助照顧而減輕壓力與照顧的重責，進而更能夠在工作與照顧責任間取得平衡。

第 2 章

翻轉傳統孝道約束，
你需要新觀念

分身有術的新孝道

　　麗娟（化名）高齡近九十歲且失智的父親需要人照顧，在兄弟姐妹的協商後，決定由單身的她擔起照顧父親的責任，為了照顧父親，麗娟自然得辭掉工作，一轉眼已經十多年了，多年累積下來，因為收入中斷，一方面擔心下半輩子沒有著落，另一方面也因照顧的沉重壓力，雖然嘗試與其他兄弟姐妹協商，希望能得到援助，但卻一直沒有得到任何回應，這使她身心俱疲，深覺未來無望。

　　或許真的是禍不單行，一天，麗娟在扶父親下床時，不小心扭傷了腰，本來想去附近的中醫診所看一下，但又擔心留父親一個人在家會出狀況，在親友的建議下，她嘗試向短期居家照顧平台提出申請，希望能在她去看診時，有人能夠接手照顧父親。

　　一開始她還有點擔心，即使有專業照顧者接手照顧父親，她還是急匆匆的趕來趕去，深怕父親沒辦法得到好的照顧，沒想到，經過一段時間後，她發現專業的照顧者不只是「照顧」父親而已，還會主動引導父親做一些活動，訓練他的大腦和肢體活動力，不僅達到延緩失智的目的，同時還增加了父親生活的自主能力，最主要的是，每一位來照顧父親的照顧者都十分有耐心，讓她真的既感動又感謝。

　　由以上的案例我們可以清楚的知道，「獨自承擔照顧責任」絕非最佳的解決方案，照顧本身就牽涉到許多專業，經過訓練的人員，往

往有較豐富的知識、技巧，來提供優質照顧，而且他們累積了各種經驗，可以因應許多狀況的發生。

照顧人員是「外人」，可選擇，也可以替換，若遇到不適合的，可以立即要求更換，不像家人只能默默忍受，而且也由於是外人，和照顧對象沒有太多的情緒牽絆，雙方互動反而比與家人之間更為和諧，加上長期從事這項工作者，耐心也比一般人高，更能承受情緒上的壓力。

從目的來看，「照顧」不是該給長輩最佳的生活品質嗎？以目前社會越來越多「老老照顧」的現象，同屬高齡的子女必須扛起照顧更高齡的長輩，其壓力和負擔真的不可謂不沉重，若能藉由專業照顧人士的介入，讓有需求的長輩得到更好的照顧，是否可以將傳統由親身照顧才算盡孝的觀念做徹底的改變呢？

✿ 支援長者自立生活的「新孝道」

「新孝道」主要是針對家中有處於衰弱或亞健康狀態的長輩的照顧者所提出的全新照顧觀念。

首先，我們必須知道，最好的照顧並不是全天候不眠不休的專人照顧，而是應**以「協助」取代傳統的「服侍」**，透過短期照護服務所提供的支援，使長輩仍然有機會參與日常生活的決策，維持「自立生活」的能力，從而減輕照顧者的照顧壓力，提升整個家庭的生活品質。

尋求外部資源協助的目的，並非是排除自己應盡的孝道，而是鼓勵個人衡量自身狀況，妥善利用短期專業照顧，來配合工作或原有的家庭生活形態，如此一來，長輩安享晚年，子女的工作影響也能降低，整個家庭維持和諧穩定，這才是高齡父母最希望看到的景象，更是「新孝道」想展現的精神！

PART

2

33個情境故事與6大照護技巧

第3章

翻轉照顧，
陪父母迎接有品質的老年生活

STORY 1

不再手忙腳亂，讓照顧變得容易

「妳媽媽跌倒了正在醫院，只有爸爸一人在旁邊，可以盡快過來嗎？」小雅（化名）接到電話愣了一下，隨即慌張地收拾包包衝出公司。

小雅目前在台北一家金控公司擔任行政工作，她剛畢業便直接進入這家公司，幾年前升上小主管，對於工作內容也是得心應手，更與同事們都相處融洽。她與父母居住在新店，雖然爸媽年紀已大，所幸身體一向硬朗，他們過著悠閒的退休生活，日常欣賞青山綠水、參與戶外運動、出門買菜，生活十分愜意。

家裡原本不只有小雅與父母，如今小雅的哥哥和姐姐都已成家，各自買房後有自己的小家庭，若遇到較長的假期才會返家探視。雖然只剩小雅一個女兒與父母同住，但生活上僅需偶爾照應、出門打個招呼就好，生活上亦不用特別費心，讓小雅有足夠的時間可以認真投入工作，也能享受下班後的休閒時光，比如與同事聚會、報名外語課程，

希望能在職場上更有競爭力。

　　從來沒有想過，這種簡單幸福的生活竟然一夕中止。

　　這天，小雅的母親在下樓梯時，不小心滑了一下，整個人從樓梯摔了下來，高齡的父親一時也慌了手腳，只能趕緊向鄰居求援，一起將母親送到醫院去，上班中的小雅接到電話也立刻向公司請了假，趕到醫院。

　　經過漫長的等待，母親的傷確定是「恥骨骨裂」。

　　「我們會儘快動手術，術後約一週左右就可以出院回家了。一般而言，骨折通常需要兩個月左右才會癒合。若癒合狀況良好，才能逐漸開始練習使用拐杖行走，但在這兩個月內盡量避免移動，以確保恢復的順利進行。」醫師這麼和小雅說。

　　「兩個月？」小雅整個人傻了。也就是說有整整兩個月的時間，母親不能自己下床，甚至連進食和沐浴都需要在床上進行。換句話說，這段時間就必須有人在身旁隨時提供協助。

　　術後的復健還是其次，眼前小雅必須先面對的是母親住院的這一週所需要的照顧。白天她要上班，只能靠父親幫忙，她負責晚上，但醫院的環境畢竟不如家裡，病房裡即使是晚上，也會有護理師來來去去，更別提那些細碎的交談聲，想要睡好覺根本是件不可能的事，偏偏父親又認床，整個白天要料理餐點、照顧母親如廁、服藥，及陪伴檢查等，不可能好好休息，原本就有血壓問題的他，血壓就越來越高，高到小雅不得不擔心再這麼下去，怕是母親還沒出院，父親就掛病號了。

　　至於姐姐和哥哥都在外縣市，雖然心想協助，但距離遠加上家裡也有需要照顧的小孩，不可能每日通勤到醫院，頂多只能偶爾過來探望一下，不能過夜。

　　好不容易熬到母親出院。臨出院前，護理師前來衛教返家後的

注意事項，例如回家後要留意媽媽的姿勢、以及有哪些症狀要盡速回診……等等。小雅在心裡長長的嘆了一口氣，醫院裡雖然諸多不便，但至少在遇到問題或困難時，還有醫療人員的協助，回家後呢？白天只有父親一個人在，他要怎麼處理幾乎完全不能動的母親呢？

果然，回家後的第一天，真的可以用「七手八腳」、「亂七八糟」來形容，由於缺乏經驗，幾乎每一次挪動或為母親翻身，都會讓母親痛到發抖，小雅想起離開醫院前，醫師曾語重心長地說過，若希望母親恢復更快速，之後在家也要漸進性的復健，同時必須保障母親的安全，並避免讓她因感到疼痛而不敢主動移動，「該怎麼辦？」一整夜，這個問題都在小雅的心裡繞著。

凌晨，徹夜未眠的小雅突然想到，或許上網可以找到解決的方法。

網路上，小雅果然查到有「短期照護」和「居家照顧」兩種模式，評估母親現在的狀況，短期照護並不適合，因此，小雅便朝居家照顧方向做進一步的搜尋。

居家照顧的服務平台並不少，小雅花了點時間做了大致的比較後，確定了一間可以自行設定服務條件的服務平台，「先試試看吧！」這時的小雅對這種新的服務模式並沒有太大的把握，但急於為母親找一位照顧人員，也只好硬著頭皮試了。

搜尋了一陣子，小雅找到一位有超過二十年照護經驗，且剛好可以配合她所列條件的江小姐，照服員江小姐立刻在預約平台上，向小雅詢問了母親的狀況、復健需求、飲食習慣，以及醫師交代返家的注意事項等，做了全面性的了解。

第二天江小姐就到家裡試用了。

小雅的母親雖然大部分的時間都躺在床上，但用餐如廁還是得起身或下床，江小姐受過專業訓練，有耐心，懂得如何進行移位，不會

分身有術的新孝道

讓病患感到不舒服，也不費力。單單在這一點上，就覺得請江小姐來真的是請對了。

經過第一次照顧的良好經驗後，小雅決定繼續預約江小姐每天上午 10 點到下午 2 點，來家裡照顧母親 4 小時，期望這樣的安排能夠讓自己回公司上班時不用提心吊膽，同時減輕父親因長時間照顧而耗費過多的體力和精神。

剛從醫院回家，母親大多數時間仍然躺在床上，早上還不是很清醒，江小姐每次到家提供服務時，都會先親切地打招呼、關心母親是否有睡好，因為有事先了解母親的喜好，在協助盥洗、用早餐時，都會播放母親喜歡的老歌，讓母親能感到輕鬆自在。

術後最疼痛的那段時間，江小姐本來建議小雅母親可以試著使用成人紙尿布，減少下床移動的頻率，但小雅母親怎麼也不習慣，江小姐便又鼓勵母親試試站著上廁所，一向堅韌的小雅母親很快的掌握了訣竅，自此，她總算不用再忍著疼痛，從床上移動到有點距離的廁所了。

本來因為出院後久躺、行動不便而鬱悶少話的母親，一開始也不習慣由外人來照顧，但江小姐總會主動與母親話家常，幾天之後，母親也漸漸的有了回應，臉上的笑容也多了起來。

經過一個多月的努力，小雅母親在江小姐的輔助和指導下，不僅可以在床上做簡單的活動，也可以在體力許可的範圍下，做關節和筋骨的活動，又過了一陣子，甚至開始練習走路，從一開始的三分鐘，慢慢地「移動」，到後來可以使用助行器，「走動」了將近十分鐘。

為了讓在上班的小雅和其他家人都能掌握母親復健的狀況，江小姐也將這些復健活動的表現逐一記錄下來，包括練習由坐到站起的發力、到從輪椅行動、進一步至能練習使用助行器移位……不只是小雅，即便是不能常回來的哥哥姊姊也可以了解媽媽在家中的復健狀況。

在小雅的母親復健有了很大的進展後，江小姐立刻提出「食療計畫」，希望藉營養的攝取，加強她的體力，小雅看母親沒有排斥，就讓江小姐中午備餐時試試，果然，在江小姐專業又有計畫的的照顧下，小雅母親的傷口及身體狀況都越來越好。

一轉眼，江小姐已經來家裡照顧母親三個月了。小雅母親已經能夠自己用助行器短矩離的來回走動，進步的速度連回診的醫師都連連稱讚。在這段期間，小雅有空時也會留在家中幫忙，她在江小姐的詳細說明下，學到了許多照顧母親的技巧，包括移位、復健、備餐等其實都大有學問，並不僅僅是有人在旁邊看著那麼簡單。

江小姐不僅擁有專業技術，更難能可貴的是她擁有一顆充滿熱忱的心，能夠照顧到母親在術後低迷的情緒，讓家人在康復期間仍然維持生活品質，也讓全家人放下心中大石。

◆

「讓專業的來」，陪伴長輩、促進他們的身心運轉，降低失能退化的風險，不是推卸責任，也不是不孝，要讓長者能夠得到最好的照顧，減輕不適，早日痊癒；讓照顧者能夠得到喘息，減輕壓力，不再活在自責和焦慮中，這才是每一位照顧者應該要有的正確觀念。

分身有術的新孝道

STORY 2

不在爸媽身邊也能很安心

「庭萱（化名）啊，自己一個人在國外工作要小心，累了隨時可以回來沒關係！」

「吼～沒事啦！又不是第一次出國，過年我都會回來看你們的！」

身為獨身女的庭萱從小就有個「出國夢」，她努力的讀書、考試、參加檢定，在大學時期，就已經開始關注國外的工作條件，因此，在研究所畢業前，她便已收到國外一家企業的錄取通知書。

庭萱是獨生女，自然是父母的掌上明珠，雖然早就知道出國是孩子的夢想，但只要想到一旦真的出國，想要見一面就不容易了，更別說要像現在陪在身邊了。更何況國外生活不比國內，萬一遇到困難或不如意，他們又沒辦法第一時間給她幫助，光是想著都覺得擔心，但仍願意支持她去追尋夢想，放手讓她飛。

這一走就是二十多年，庭萱在國外有了自己的事業，也遇到了值得託付一生的人，有時過年會回台灣來陪陪父母，有時則是接父母一起出國去走走，而庭萱的爸媽也逐漸適應了孩子不在身邊的日子，庭萱爸經常和朋友約了去慢跑、騎腳踏車；庭萱媽則是積極的參與社區大學的課程，插花、跳舞等，偶爾會用視訊和庭萱聯繫，順便也能看看孫子、孫女，生活也算是多采多姿。

但畢竟爸媽的年紀是一年比一年大，近幾年，他們的行動力明顯開始衰退。身在國外的庭萱本來想為父母請外籍看護，但爸爸不習慣外人進到家中，最後只能作罷，然而，對自己沒辦法親自照顧父母的無助和焦慮，一直是庭萱心上過不去的坎。

　　偏偏老天從不讓人省心，去年，庭萱爸在廁所裡不慎跌倒，消息傳到庭萱耳裡，她恨不得能丟下所有的事回到爸爸身邊，但現實的狀況並不許可，雖然爸爸一直說只是小跌倒、不嚴重，但庭萱清楚，這只是爸爸不想讓她擔心的說法，情況絕對比想像的嚴重，這次，她不管爸媽的反對，她決定在最短的時間內，能找到幫忙照顧爸爸的人才行。

　　還好庭萱有位同樣在美國工作，父母都在台灣的同事有過經驗，她把自己曾經找過的照顧服務預約平台介紹給庭萱，當天，庭萱就在平台上挑了兩位照服員，分別是吳小姐和徐小姐，並在平台上，將爸爸媽媽的身體狀況、興趣、習慣一一向她們說明，使他們能夠針對爸媽的情況進行照顧。

　　一開始，庭萱很擔心爸爸是否會因為不習慣而與照服員產生衝突。沒想到經過一個月的相處，媽媽告訴庭萱，爸爸竟然與兩位照服員相談甚歡，相處得非常融洽。

　　庭萱很訝異爸爸竟然能接受別人的照顧，後來跟她跟吳小姐與徐小姐聊天後才發現，她們在照顧上，不僅是耐心、專業，還有真誠和積極正向，無論是在語氣還是照顧方式上，都是以真心來化解被照顧者的心防。

　　照服員剛來的時候，庭萱爸爸是行動不便的，照服員先和他聊天培養感情，盡量依他的需求和意願來給他必要的協助。例如，洗澡時，照服員會先向爸爸解釋每一個步驟；在洗澡過程中也會特別注意水溫、浴室清潔以及個人隱私等小細節；在換衣服時，照服員同樣會

先詢問衣服喜好和穿衣習慣，並讓他參與挑選和換衣服的過程，這樣不僅能夠滿足他的需求，也讓他感受到自己仍保有自主權，而非只是被動地接受照顧；協助上廁所時，會先請他坐在安全的位置，然後再輕輕地扶著他，讓他緩慢地站起來，進入廁所，上完廁所後，她們會特別清理地板水漬和髒汙，保持地面的乾燥與整潔，讓爸爸可以安全地行走，避免再次發生跌倒的狀況……

除了協助復健之外，兩位照服員在三餐及一些簡單的家務上，也打理得非常好。

準備三餐時，她們會依據醫生和營養師的建議，像是每餐約需攝取 20 至 30 公克的蛋白質，以達到促進肌肉合成的作用，也會加入富含鈣質的食物，如堅果類和綠色蔬菜等，及富含維生素 D 的食品，這不僅有助於維持骨骼的健康，增強肌肉功能和強度，更能促進鈣質的有效吸收。進食時，她們還會細心地幫忙剝開難剝的果皮、切小食物，確保兩位老人家可以輕鬆地進食。

至於家務部分，為了確保被照護者生活周遭的整潔舒適及安全，會及時清除地面上的障礙物或水漬髒汙，若情況允許，她們也會陪庭萱媽媽到外面購物或散步、陪庭萱爸爸去醫院復健訓練等，為兩老提供必要的援助和陪伴。

此外，兩位照服員還協助庭萱爸爸在家裡做一些簡單的運動，增強肌力和體力，同時還能讓庭萱爸爸走路更穩定。

首先是「坐站」運動。只需使用一把椅子，坐端正後再站起來，在 30 秒內反覆執行。動作過程中，雙臂抬起至肩膀高度，雙腳張開與肩同寬。站起時，身體微微前傾，緩緩站起；坐下時只坐到椅子的二分之一位置。這個動作有助於增加下肢力量和提升身體穩定度。第二種運動同樣是坐在椅子上，雙手由身體底部往上抬。在過程中，可以

從左往右或由右往左抬起，來增加旋轉的力量。如果能夠使用小寶特瓶來增加重量，效果會更好。剛開始不妨先以一趟做 5 次為標準，再逐漸增加到 10 次以上。

擔心庭萱爸爸會因為受傷侷限行動力而情緒低落，兩位照服員還會陪他唱歌、看電視，或玩一些棋類遊戲⋯⋯偶爾還會帶庭萱爸爸和媽媽去參加社區的活動，像是健康操、康樂活動等，相處一陣子後，幾乎像是朋友一般，十分融洽。

在照顧庭萱爸爸的這段時間，不論多忙碌，兩位照服員都不忘將復健的進度，及庭萱爸爸的整體狀況告訴遠在國外的庭萱，讓她也能放心。

經過三個多月的復健，庭萱爸爸的行動力已慢慢恢復，雖然沒辦法百分之百回到以前的狀態，但已經能夠自己打理生活了，但本來很排斥外人進入家裡的庭萱爸媽反而主動提出，希望能讓兩位照服員日後還能每週有四天的下午，來家裡打理家務及備簡單的餐食，順便也能陪自己聊聊天⋯⋯

這樣的轉變讓庭萱既開心，又放心，雖然，她沒辦法在爸媽身邊盡人子之孝，但是，因為有照服員的協助，她也能安心了。

STORY 3

相隔萬里也能照顧零時差

「媽！怎麼這個時候打來？現在台灣不是凌晨五點嗎？」佳嘉（化名）接起視訊電話時，正在和美國的家人一起吃晚餐。

「妳爸爸說睡不著起來走走，正好給你打電話。」佳嘉媽媽臉上帶著笑容，但神態十分疲憊。

佳嘉在美國定居已經二十多年，除了偶爾的假期，平時佳嘉只能透視訊電話和父母聯繫。佳嘉曾經想將父母也接至美國居住，但父親的年齡已經過百，根本無法負荷搬家的勞累和長時間的飛行，加上父母已經習慣了台灣的生活方式，一起住的想法自然成了不能實現的夢。

高齡的佳嘉爸爸現階段生活的各方面都需要佳嘉媽媽的協助，小至吃飯、上廁所，大至外出看醫生，這擔子十分沉重，對年紀也不小的佳嘉媽媽來說，確實是很辛苦，甚至不堪負荷。

佳嘉媽媽忍不住向佳嘉抱怨：「妳爸爸現在睡眠少，一晚至少起來五、六次，有時我才剛躺下，又叫我起床，說要上廁所或是扶他起來，有時得折騰一整個晚上。」

「這樣怎麼行？我看還是請個外籍看護給爸爸好了！」佳嘉十分擔憂，如果媽媽也跟著倒下了，遠在美國的她難以立即趕回台灣。

「我也和妳爸爸聊過，但他很不喜歡外籍看護，一是生活習慣不同、語言也不通，二是不希望有外人長住家裡。我現在照顧他是還沒有什麼問題，只是晚上無法睡覺，白天就沒有精神。」媽媽一臉為難。

不能找外籍看護，還能有什麼辦法呢？佳嘉一時之間也有點慌了。她下意識的在網上輸入「夜間照顧」的關鍵字，沒想到還真的跑出很多可以參考的資訊。

佳嘉再試著找「晚上九點到清晨六點的服務」，果然真的讓她找到了一位口碑極佳的照服員，順利的預約好了之後，她開心的立刻打電話給媽媽，把預約的時間告訴媽媽，交代好了之後，天已經亮了。

到了預約的當天，正在上班的佳嘉不放心地打電話給媽媽，「媽，一切都還好嗎？」

「一切都很順利！本來我在旁邊幫忙，是妳爸讓我回房間好好休息的。今天總算可以睡個好覺了。」佳嘉的媽媽看起來十分開心，講著講著還打了個哈欠。

「您就放心睡覺吧！一切都有照服員幫忙。」佳嘉終於安下心來，掛掉電話。

一天結束後，佳嘉點開通訊軟體，看見媽媽傳來的訊息，「佳嘉，謝謝妳幫媽媽減輕負擔。」佳嘉媽媽說，一開始還很擔心爸爸會抗拒，沒想到看過照服員的評價後，爸爸的態度是開放的，一切都很順利。

照顧爸爸的照服員十分細心，不僅遵照爸爸的意願，也尊重他的隱私，有了照服員的照顧，不論爸爸晚上需要起夜，或是突然想去客廳坐著，都不用媽媽陪著，媽媽自然有了較好的睡眠品質。

不只是媽媽的生活改善了，遠在萬里之外的佳嘉，也因為爸媽有專業人士照顧，更放心也更安心了。

STORY 4

對媽媽的關懷沒有距離

　　智雅（化名）長期定居歐洲從事翻譯的工作，母親已是耄耋之年的失智症患者和其他家人住在台灣。

　　在海外的智雅每每問起媽媽的狀況，家人的答案總是避重就輕：「養護機構有在照顧」、「一切正常」……等，直到智雅回國探視，才輾轉從養護機構的護理師口中得知，實際上家人並不經常來看望媽媽，對她的情況也並不甚熟悉。家人的態度讓智雅心情複雜，百感交集。

　　智雅是家中老么，和媽媽的感情特別好，家裡還有兩位姐姐及一位兄長，在媽媽失智以後，行為能力、理解能力、認知能力逐漸「返老還童」，到了後期更已無法自理生活，事事都需要有人從旁協助。

　　一開始，智雅與家人討論後，聘僱了一位外籍看護來照顧媽媽，自己則會定期回國陪伴。偏偏外籍看護水土不服、也不能適應與失智長輩的相處，竟然無預警地不告而別……當時家人們都各自有工作，根本分身乏術，而已經出現失憶、失禁，甚至抓到全身都是傷痕的許媽媽不可能沒有人顧，相反的，她需要的是全天候的照顧，因此，將媽媽託給能二十四小時看顧的養護機構就成了當下不得不的決定。

　　但，養護機構雖然是二十四小時都有照顧者，但通常是一對多的情況，就更別提所謂的「溫度」、「陪伴」了，智雅返台省親時發現，媽媽身上多出了褥瘡、身體隱隱飄出許久未洗澡的味道、指甲過長等問題。

想到一直十分在意自己外表的媽媽生活品質變得不堪，就連最基本的乾淨整潔都因為疏於照顧而無法保持，智雅心裡說不出有多難過，然而現實上也沒辦法期望養護機構有足夠的人力協助陪伴媽媽散步、翻身，按摩手腳……雖然離媽媽最近的家人們都不覺得養護中心有問題，但智雅覺得這樣下去，媽媽的狀況只會越來越糟，她不能讓這樣的情況發生，於是，她找了人力仲介公司，這樣即便人不在台灣，人力仲介公司派的人，應該也能把媽媽照顧好。

智雅預約一週一次的服務，請人力仲介公司派人去陪伴媽媽，讓一個人在機構的媽媽可以少點孤單，沒想到才去沒幾次，養護機構的員工便向智雅反映，智雅媽媽其實並不喜歡甚至有點排斥人力仲介派遣的人，每次看到派遣的人，情緒都比較激動，顯然智雅的這個方法並沒有讓媽媽的身心照顧品質提升，還適得其反。

一個午後時光，人在海外的智雅因憂心媽媽的情況而感到疲憊時，偶然在網路搜尋到國內的短期居家照護平台，起初智雅也是抱持著半信半疑的態度，深怕照顧陪伴的品質讓她再一次失望，於是只先預約三小時的服務試試看。

在第一次的照顧服務中，照服員便根據智雅媽媽的身心狀況和醫療記錄，為她制定了個人化的照護計畫，包括定時服藥、協助洗澡及個人衛生，包含換衣服、清潔居住環境等等，同時，照服員也沒忽略智雅媽媽的飲食，確保她有足夠的營養攝取，並提供適合的食物和水。

除了生活照護外，照服員還會給予智雅媽媽情感上的支持和關注。他們尊重媽媽的感受，會用簡單的語言和直觀的手勢，以及透過圖像、音樂、動作等方式，慢慢的與她交流，逐步引導許媽媽的理解。

透過陪媽媽聊天、唱歌，以及做一些適當且輕鬆的運動和活動，例如散步、跳舞、聽音樂等，照服員讓媽媽感受到被關心和愛護，也

感受到溫暖。此外，照服員十分重視媽媽的心理狀況，他也建議智雅放一些家庭相片、喜愛的書籍、音樂等，讓媽媽能充分感受到舒適和安心。

而在雙向溝通上，照服員也十分注重。照服員會觀察媽媽的情緒和行為，即時向醫護人員反饋，以便針對個體身心的情況進行調整，也會定期和智雅聯繫，將媽媽的狀況和進展回報給智雅，對智雅提出的建議和需求，他也會給予實際的支持和回饋。幾次服務下來，智雅十分放心，並預約一週兩次的服務陪伴照護媽媽。

後來養護機構的護理師告訴智雅：「太好了！這次找的照顧服務員將智雅媽媽照顧得很妥當。」這個訊息著實讓智雅鬆了一口氣，總算找到值得信賴的照服人員，甚至連「返老還童化」的媽媽都還在幾次視訊通話中，手舞足蹈地表達對照服員的喜愛。

即便人在海外，也能使用線上平台跨國預約居家照護服務，而智雅媽媽也因為有良好的陪伴找回昔日的活力，讓智雅終於能放下一顆心，母女倆都可以繼續安心生活。

分身有術的新孝道

STORY 5

疫情期間，長輩的照顧怎麼辦？

「……因應雙北進入第三級疫情警戒，暫停日間照顧、失智據點等社區式長照服務……」聽到電視新聞傳來的消息，涵玲（化名）不自覺皺起眉頭煩惱了起來。

因為老家離新公司較近，也因為想多點時間陪父親，涵玲幾年前搬回老家居住，雖然父親口頭上不說，但看得出心裡是高興的，他天天都等著跟涵玲一起吃晚餐，父女的感情增進了許多。

但幾個月前，涵玲爸爸出外買東西遲遲未歸，被鄰居帶回來時，竟然說是因為忘了回家的路，偶爾也會忘記東西放哪裡、不願意洗澡、明明吃過飯，卻又說肚子餓要吃飯……涵玲覺得情況不對，便帶爸爸去看醫生，沒想到診斷出來，爸爸已經有輕度失智的現象。

雖然爸爸的狀況時好時壞，但生活上大部分時間還算可以自理。在一次回診時，醫師建議涵玲可以讓爸爸到日照中心上課，藉由跟人群更多的互動，來延緩失智的症狀。

涵玲找了社區附近的日照中心，讓爸爸開始每天固定時間參加「上學」的新生活。在日照中心，爸爸適應良好，每天都有新鮮事可分享，包括今天做了什麼、午餐吃了什麼，以及與同學的相處等，且日照中心每天有人幫忙備餐、協助洗澡，讓涵玲下班後在家的照顧可以省不少力氣。

但好景不長，由於疫情升溫，涵玲向公司申請了在家辦公，原以

為過陣子就會恢復正常生活，卻沒想到三級警戒延長，爸爸白天不能去日照中心上課了，這使涵玲也開始感到焦慮。

　　表面上涵玲雖然在家，但絕大多數的時間忙於工作，很難騰出時間來照顧爸爸，而爸爸也排斥讓女兒幫他洗澡，且涵玲確實沒有力氣處理這件事。一天，她在電話中向日照中心的人員訴說這些困擾，對方推薦她可以上網查找短期居家照護服務平台，預約短時間的居家照顧，協助備餐、幫長輩洗澡等生活照護。

　　涵玲心想，只要可以解決備餐和協助洗澡的問題，應該可以應付在日照中心開放前的過渡時期，於是，她迅速上網查找，預約了一位有照顧失智長輩經驗的男性照服員。由於仍在疫情期間，涵玲只能透過網路平台的傳訊功能詢問這名照服員防疫相關的問題。

　　預約當天的上午，門鈴聲響起，照服員戴著口罩及護目鏡現身在門口，涵玲細細觀察著，進門後照服員拿出自己的室內拖鞋，先用體溫計確認體溫正常後，便借用廁所洗手。看著照服員正確洗好手後，涵玲放心地帶著他去認識爸爸，簡單交代需要協助和注意的事項後，涵玲便回房間工作了。

　　幾個小時後，涵玲手邊的工作告一段落，照服員也正好完成了幫爸爸備餐和協助洗澡的工作。照服員在備餐的過程中非常謹慎，特別注意油脂和鹽分的攝取量，精心挑選了些清淡的食材，如清蒸的魚、涼拌的蔬菜等，並在烹飪過程中適量地減少了油和鹽的使用。在備餐的同時，也不時和爸爸聊天，詢問他對於食物的喜好與口味，以確保備餐符合他的飲食習慣，同時也能照顧飲食方面的健康。

　　接著，照服員細心地協助涵玲爸爸洗澡。由於爸爸已經接近 75 歲，洗澡變得越來越不方便，因此照服員在協助時格外細心。他先為爸爸準備好溫度適中的水、肥皂、毛巾等必要用品，並將浴室環境整理

得既舒適又安全。在整個協助洗澡的過程中，還會隨時留意爸爸的身體狀況，確保浴室地面和浴缸表面不滑，以防止摔倒或滑倒的危險。

為了讓涵玲爸爸也能保有一定程度的自主性和尊嚴，照服員也與爸爸時常交流，藉由有效的溝通和配合，確保他清楚理解當前在進行的事情，同時照顧員也根據爸爸的需求和反應即時進行調整，適時安撫與鼓勵。整個洗澡的過程都非常有細心和耐心，讓爸爸感受到了舒適的氛圍和妥善的照顧。

雖然涵玲爸爸是第一次嘗試這樣的居家照顧服務，但他似乎很滿意這位照服員的服務方式，他拉著涵玲說：「下次也請他來吧。」

之後，涵玲也嘗試預約了其他評價良好的照服員每天來照顧爸爸幾小時，每一位照服員都具有極高的素質，把涵玲爸爸照顧得非常好，這確實讓涵玲在這段非常期間的許多照顧上的壓力減輕不少。

更讓涵玲欣慰的是，雖然因為疫情打亂了涵玲父女倆的生活步調，但很幸運，這段時期能找到替代方案讓爸爸受到良好的照顧而且穩定下來，同時她也祈禱著疫情能早點結束，讓大家都能回復正常生活。

STORY 6

重享生活百樣滋味

意外，永遠來得如此突然。

佳蓉的媽媽原本身體狀況都很良好，但突然有一天覺得身體似乎有些不適，就醫後竟發現罹患了癌症……本來凡事都能自己來的媽媽，因為隨之而來的治療過程，兒女的陪伴照顧一夕之間變得重要起來。

佳蓉（化名）排行老么，家裡還有一位兄長以及兩位姐姐，一直以來，佳蓉與媽媽感情最為要好。媽媽因癌症住院後，由於佳蓉住得最近，照顧媽媽的工作便由她來承擔。

白天佳蓉在工廠擔任會計，下班後去醫院照顧媽媽，雖然辛苦，但是在醫院有專業的護理師可以協助照護，佳蓉也在工作與照護間獲得平衡。後來媽媽的治療暫告一段落，隨著出院的日子愈來愈近，佳蓉開始擔心媽媽在家會沒有人照顧，而她又不可能丟下工作，出院的時間越近，佳蓉也越焦慮。

已經將近七十歲的媽媽因為癌症化療，臥床一段時日，目前四肢肌肉無力，加上必須透過鼻胃管餵食，因此非常需要有人協助她的日常起居直至體力恢復。醫院在進行出院協助準備時，雖然有提供完整的衛生教育及相關事項，也有請專門的營養師設計了一套適合復原所需的菜單，但對佳蓉來說，媽媽出院後的日常還是充滿未知數與滿滿的壓力的。

鼻胃管，是為了避免營養不良，或是感染而危及生命，利用一條塑膠軟管從鼻腔通過食道、再到胃部的管路。當病患有咀嚼障礙、吞嚥障礙、或是容易嗆咳造成感染時醫師都會建議裝入鼻胃管。但鼻胃管不像尿管、尿袋，可以隱藏在褲子或裙子裡，而是必須固定黏在鼻腔旁的裝置，讓人一目瞭然，這容易讓病患產生退縮心理，不願意與外界接觸。更重要的是，鼻胃管還剝奪了咀嚼與品味食物的能力，病患只能無奈地看著稠狀的食物，「借道」鼻腔裡的軟管直通胃部，美食裡的酸甜苦辣，完全無法感受。

佳蓉媽媽罹癌前自詡是美食家，平時最喜歡與三五好友一同出遊，尋找巷弄的隱藏版美食，對於裝上鼻胃管自然是十分抗拒的，每每一想到再也無法品嚐美食就潸然淚下，因此，「拆除鼻胃管」也成為媽媽願意努力復原的最大動力。

透過病友的介紹，佳蓉在媽媽出院前，便透過短期居家照護平台預約了一位優秀且專業的照服員，等媽媽出院後能來家裡協助照顧，這位照服員具備豐富的專業知識和經驗，不僅可以提供媽媽所需的照護服務，同時也可以讓佳蓉放心地去工作。

照服員第一次來到家中，就讓佳蓉看到了細心和專業。

首先，她仔細地聆聽和紀錄了媽媽的需求和病況，同時詢問醫院和營養師所提供的醫療指示，確保之後所擬的照護計畫能完全符合醫師的建議。她也詳細地把鼻胃管餵食的注意事項告訴佳蓉，像是需要採半坐臥或抬高床頭 30 至 45 度以防止食物逆流，並且需要注意滴速控制、食物選擇和鼻胃管清潔等知識技巧，讓佳蓉也可以更加掌握媽媽的照護需求。

在餵食的過程中，照服員會先仔細地檢查鼻胃管是否正常以及位置是否正確，確保餵食的管路通暢、避免不適或感染，確認一切都沒

有問題後，照服員才會開始依照醫師指示的時間和方式，幫媽媽進行餵食，同時也仔細觀察著媽媽的反應和狀態，以確保餵食的效果和安全性。

在日常生活照護方面，照服員也非常細心，協助媽媽洗澡、更換衣服和清潔身體等。此外，她也定期幫忙打理家務，例如掃地、擦桌子和洗碗等，確保家中的環境整潔。

在三個月的照護過程中，照服員不僅提供了專業的照護技能和知識，也給予了佳蓉媽媽和佳蓉充分的情感支持和陪伴。她不時地鼓勵佳蓉媽媽堅強面對疾病，同時也給予了佳蓉必要的照顧指導和建議，讓她能夠在工作之餘能更好地照顧媽媽，將照顧的壓力和負擔降到最低。

為了完成佳蓉媽媽可以重新品嚐美食的心願，照服員每週二、四固定陪同媽媽到語言治療所進行吞嚥功能的相關訓練，她會貼心地在一旁紀錄媽媽的狀況，並回報給佳蓉。不久過後，媽媽在語言治療師的指導下，開始慢慢練習吞嚥質地適宜的食物，三個月後順利移除鼻胃管，恢復由口進食，媽媽的人生也逐漸由黑白變回彩色！

口腔保健 123

　　擁有一口健康亮白的牙齒，是人們共同嚮往的追求。它不僅可以讓人有迷人的外表，當我們擁有整齊潔白的牙齒，就能自然無懼地展現開懷的笑容，自信的散發出來，相反的，一口爛牙卻會讓人卻步，並引來嫌棄的目光。

　　近年來，口腔保健愈來愈被重視，因為人們逐漸明白，健康的口腔狀態對人們的生活品質和社交關係至關重要。牙齒問題並不僅僅是外觀的問題，它可能對飲食、健康和心理狀態產生深遠的影響。特別是成人，牙周病和蛀牙是最常見的口腔問題，牙周病會引起牙齦發炎，甚至導致牙齦脫落和牙齒鬆動，而蛀牙會造成牙齒組織的損壞，進而影響咀嚼和口腔健康。

　　這裡，我們將探討口腔保健的重要性，並提供有效的預防方法，以幫助您遠離口腔問題，迎接自信笑容的陪伴。無論是個人生活還是職業發展，擁有健康好牙，都能讓每個人在人生旅途中展現最好的自己。

　　首先探討蛀牙。蛀牙是一種常見的口腔問題，若不及時處理，可能導致牙齒組織損壞，影響咀嚼功能和口腔健康。為了避免蛀牙的困擾，應該培養良好的飲食習慣、選擇含氟化物牙膏，並定期進行口腔檢查。以下是預防方法：

培養良好的飲食習慣：

飲食與口腔健康絕對是密切相關。首先就是要減少攝取高糖和高黏性食物，如糖果、蛋糕、點心等，因為這些食物容易附著在牙齒表面，提供細菌生長的營養源，加速蛀牙的形成。取而代之的是，**增加攝取富含纖維和水分的食物**，如蔬菜、水果，**有助於清潔牙齒，並增加唾液分泌，有助於保護牙齒。**

早晚用含氟化物牙膏刷牙：

選擇含氟化物的牙膏對預防蛀牙至關重要。氟化物能有效增強牙齒的抵抗力，減緩酸性物質對牙齒的侵蝕，同時有助於牙齒釉質的再礦化。蛀牙主要發生在牙齒表面，進食後刷牙能有效去除牙菌斑，減少蛀牙的發生機會。請注意，**每次刷牙時間應該持續三分鐘，輕柔地按摩牙齒和牙齦。**

每年定期檢查口腔：

定期口腔檢查是預防蛀牙不可或缺的一環。牙醫能及早發現牙齒問題，及時給予治療，防止牙齒問題進一步惡化。**建議每半年至一年進行一次口腔檢查，保持牙齒的健康。**

蛀牙的預防不僅僅是維護口腔健康，更是保障全身健康的重要步驟。藉由培養良好的飲食習慣，使用含氟化物牙膏刷牙，「氟」能抑制嘴巴因為吃東西後產生的細菌，**每 1 天至少使用含氟牙膏刷牙 2 次，每次至少 3 分鐘**，以及定期進行口腔檢查，如此一來便能擁有健康而美好的笑容，自信地迎接每一天的挑戰。

�֎ 預防牙周病

接著來談談牙周病，牙周病是一種常見的口腔健康問題，影響許多人的口腔健康。以下是牙周病的九大主要症狀：

◆ **牙齦紅腫、發膿：**牙周病初期，細菌會積聚在牙齦邊緣，導致牙齦紅腫，並在牙齦與牙齒交界處形成膿包，引起牙齦疼痛。

◆ **刷牙時牙齦容易出血，甚至平時牙齦也會出血：**受感染的牙齦變得脆弱，刷牙或咬咀嚼時容易出血，這是牙周病常見的早期症狀。

◆ **口臭：**牙周病會導致牙齒和牙齦的腐爛，並產生惡臭氣味，造成口氣不佳。

◆ **牙齦萎縮、牙根敏感：**牙周病進展會使牙齦逐漸脫離牙齒表面，造成牙齦萎縮，使牙齒根部暴露，導致牙根敏感。

◆ **牙齦有悶悶的痛感：**牙周病會引起牙齦充血和炎症，使牙齦產生悶悶的痛感，尤其是在進食或刷牙時會感到不適。

◆ **牙齒縫隙愈來愈大：**隨著牙周病的惡化，牙齒周圍的支持組織遭到破壞，使得牙齒之間的縫隙逐漸擴大。

◆ **牙齒搖動度變大：**牙周病會導致牙齒周圍的骨質流失，進而影響牙齒的穩固性，使得患者感覺到牙齒變得搖晃。

◆ **牙齒位移或變長：**牙周病影響牙齒的支持結構，可能導致牙齒位移或者牙齒長度增加。

◆ **咀嚼無力感：**牙周病使牙齦和牙齒的支持組織受損，影響牙齒的穩固性，可能導致患者在咀嚼食物時感到無力。

牙周病是一種進展緩慢的疾病，初期症狀可能輕微，但如果不及早治療，將會對口腔健康造成更嚴重的影響。因此，定期就醫檢查，保持良好的口腔衛生習慣，對於預防和早期發現牙周病至關重要。

如若發現得了牙周病，治療是維護口腔健康的重要步驟。為了治療牙周病，每天早晚都要仔細清潔牙齒，特別是清除牙菌斑，定期刷牙和使用牙線可以有效地去除食物殘渣和細菌，減少牙齒和牙齦的感染風險。

此外，接受適切的牙科治療也是關鍵。洗牙是一種常見的治療方法，可以去除牙齒表面和牙齦邊緣的牙菌膜和牙石，幫助牙齦恢復健康。

對於牙周病較嚴重的患者，牙根刮治是一個有效的選擇。通過刮治牙根表面，清除牙周深處的細菌和牙石，幫助牙齦附著回到牙齒表面，減少感染。

在某些情況下，牙周手術可能是必要的。這種手術可以進一步清潔牙周組織，修復受損的牙齦和骨組織，恢復口腔健康。

綜合來看，定期的口腔衛生習慣和適時的牙科治療是治療牙周病的關鍵，更能促進個人維持健康的口腔狀態。

口腔護理應從年輕時開始，並在老年時特別重要。對由口進食的長者，進食後應立即進行口腔清潔，並在睡前進行清潔和漱口；對不由口進食的長者，建議至少早晚進行一次口腔清潔。保持良好的口腔衛生有助於預防口腔問題和疾病，提高長者的生活品質。

口腔護理需要準備以下物品：漱口液（包括漱口水和開水）、漱口杯、一般牙刷或軟毛牙刷以及口腔棉棒。對於無法自行漱口的人，還需要額外準備：灌食空針、毛巾或衛生紙、護唇膏、手電筒、壓舌板（需包紗布）、手套、彎盆（用於吐漱口液）。

除了市售的漱口水外，也可以使用檸檬水、生理食鹽水、茶葉水（除口臭）、鳳梨汁（清潔舌苔）等作為替代品，最後再利用清水漱口一次。這些工具和替代品有助於保持良好的口腔衛生和預防口腔問題。

　　口腔護理是保持口腔健康的重要一環，尤其對於長者來說更是至關重要。在進行口腔護理時，有 5 點需要注意：

1. 盡量鼓勵長者自行刷牙，如果長者有自理能力，照顧者可以在一旁給予協助和監督。如果長者無法自行清潔口腔，照顧者在進行照護前，務必要先清洗雙手，並戴上清潔手套，以確保衛生。

2. 協助長者保持半坐臥的姿勢為主，如果無法維持半坐臥姿勢，可採用左側臥姿，但需使用小枕頭或被子，協助長者保持舒適的姿勢。

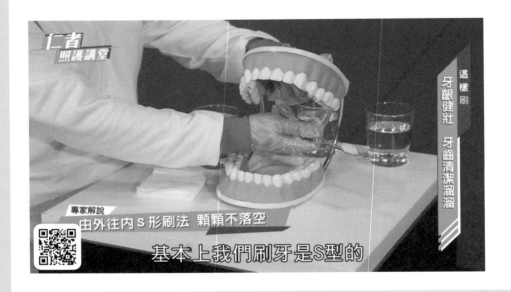

3. 在潔牙前，應先進行口腔觀察，檢查是否有蛀牙以及食物殘渣殘留的情況。可用口燈或手電筒照亮口腔，仔細觀察。

4. 如果長者使用活動式假牙，要先卸除假牙後，再進行口腔護理。可使用濕潤的口腔棉棒輕輕擦拭假牙及周圍口腔。

5. 潔牙的順序應為：先用濕潤的口腔棉棒或軟毛牙刷輕輕擦拭口腔內外側的牙齒表面、舌頭和牙齦。再使用漱口液（例如市售漱口水、檸檬水、生理食鹽水等）漱口，有助於去除口腔內的細菌和食物殘渣，保持口腔清潔和口氣清新。

結束時，協助長者將口腔中的漱口液吐掉，並用清水漱口。如果需要重新戴上假牙，要確保假牙乾淨後再安置回口腔。

潔牙是維持口腔健康的重要環節之一，特別對於長者來說更加重要，因為年紀的增長常伴隨著牙齒健康問題。正確的潔牙方法不僅能保持口腔清潔，還能預防口腔疾病的發生。以下是潔牙時需要注意的幾個重點：

◆ **先使用牙線或牙間刷**：在刷牙之前，應該先使用牙線或牙間刷，去除牙齒間的食物碎屑及牙垢。這些地方常常是牙刷無法到達的狹小空間，容易積累細菌，使用牙線或牙間刷可以有效清潔這些區域。

◆ **清潔舌頭上的舌苔**：除了牙齒，舌頭上的舌苔也需要定期清潔。如果輕輕刷還是難以去除，可以用檸檬水、鳳梨汁等酸性食物協助去除。如果還是無法完全去除，則可以分次進行清潔，避免造成長輩的不適感，這樣日後他們也會更容易接受口腔護理。

◆ **注意咽喉敏感部位**：當清潔舌頭或上顎表面時，可能會觸碰到咽喉敏感部位，引發作嘔反應。因此在執行前要先告知長者，如果發生作嘔反應，需要先停止清潔，讓長者稍作休息後再繼續進行清潔。

◆ **妥善漱口**：刷完牙後，讓長輩漱口 3 到 4 次，直到口腔內清潔為止。如果長者無法自行漱口，可以將頭側向一邊，讓液體能夠自行流出，避免造成吸入性肺炎的風險。同時，將乾毛巾放在長者下巴及胸前，彎盆或小臉盆置於嘴邊，以餵食空針注入漱口液。

小叮嚀 潔牙結束後，請記得還要在嘴唇周圍以護唇膏或是凡士林塗抹，以保持滋潤。

綜合上述注意事項，可以確保長者進行潔牙時能夠避免不必要的困擾和風險，同時保持口腔的健康。定期潔牙不僅能維持口腔的清潔和健康，還能提高長者的生活品質，讓他們能夠更好地享受美味的食物和與親人的交流。給予長輩足夠的關愛和耐心，幫助他們建立良好的口腔護理習慣，一起促進長輩們的健康和幸福！

支援永在、溫柔相伴

STORY 7

願還能牽著妳的手走上紅毯

　　沛君（化名）從小就跟爸爸的感情特別好，身為家中唯一的女兒與最小的孩子，總是得到爸爸最多的關愛，但爸爸的關愛並不是寵溺，他不會過度保護沛君，反而希望沛君多去嘗試各種事物，因此常常陪著沛君去挑戰新事物，培養出沛君勇於挑戰的個性。

　　爸爸也是個熱愛戶外運動的人，儘管工作繁忙，但只要假日有時間，總是帶著沛君參與戶外活動，像是爬山、騎腳踏車，有時甚至一同去露營。這樣的陪伴不僅擴展了沛君的視野，也培養了她對不同環境的適應能力。

　　爸爸不僅是沛君最好的生活夥伴，也是最好的心靈夥伴，每當沛君有心事時，爸爸總會是她第一個傾訴的對象，爸爸會仔細地分析沛君所遇到的困境，幫助她度過難關。爸爸的關心與鼓勵始終是沛君人生道路上最大的助力。

　　沛君大學畢業後便進入一間外商公司上班，雖然在職場上也難免遇到些困難與挑戰，但沛君總是把爸爸告訴她的話謹記在心，一步步的度過難關，幾年後也在不同部門遇到了未來的丈夫。

　　一直以來，爸爸的夢想就是牽著沛君的手走紅毯，原先沛君與男

友打算去年年底結婚，但就在去年八月，爸爸不幸出了一場嚴重的車禍，需要接受重大的手術，不順利的話腳可能需要截肢，這消息讓沛君和家人都深感焦慮，儘管後來手術順利，但醫師還是給了他們一個讓人遺憾的消息：爸爸的行動力將無法像以前一樣了。

雖然不需要截肢，但無法像以前一樣活動，甚至生活起居都有困難，本來開朗正向的爸爸還是陷入了消沉的漩渦，久久無法平復，沛君看著爸爸強顏歡笑的表情，心裡真的有千萬個不捨和心痛，因此，她在心裡暗暗的下了個決定：我一定要讓爸爸可以再次只靠自己行走。

沛君哭著和爸爸說：「爸，你告訴過我，遇到困境要學會克服，沒有什麼關卡是過不去的，雖然現在的狀況很艱辛，但我一定會讓你牽著我的手走紅毯！」

為了完成這個願望，沛君認真地聽從醫師與專家建議，希望透過復能訓練，改善爸爸的情況。一開始是沛君跟哥哥輪流照顧，但為了讓爸爸能得到專業的服務，他們詢問了身邊的親戚，推薦了短期居家照護平台，找到照服員協助爸爸術後的生活照顧。

沛君更利用網路搜尋，找到提供有關**復能協助的訂閱型服務**，仔細閱讀服務的內容後，又再三的評估，最終決定先訂閱為期四個月的服務試試看。

訂閱後便有物理治療師來到家中幫爸爸評估現在的身體狀況，張治療師非常仔細的檢查了爸爸目前的身體活動能力，他告訴爸爸，只要持續地進行復能訓練，雖然沒辦法像以前一樣進行高強度的運動，但簡單的活動不是不能獨立完成的。

張治療師為爸爸設計了一系列配合他身體狀況的肌力訓練，從簡單輕微的動作慢慢增加強度，好在爸爸本來就熱愛運動，對於訓練的動作很快就上手，定期還會安排體適能指導員幫助爸爸做動作上的修

分身有術的新孝道

正，再使用 AI 數據追蹤運動成效，甚至還有營養師來到家中針對每日飲食與身體健康進行了解，並提供專業的建議協助改善，整個過程完全顛覆了他們對復健的想像，若不是這次訂閱了這種服務，永遠也不可能知道如今已經進步到能透過配合精密的數據與飲食改善，來讓身體恢復成可達到的最佳狀態。

　　整個過程中，不只是爸爸的配合，沛君與家人們都積極參與，經過了四個月的復能訓練，爸爸已經恢復到能夠不依靠他人自行行走，也順利的趕上了沛君的婚禮，當爸爸牽起沛君的手的那一刻，兩人同時淚眼盈眶，因為這不僅是爸爸的夢想，也是沛君的夢想，一路走來，對爸爸的愛早已無法用言語表達，在沛君心中，爸爸是超人，永遠的超人！

　　沛君由衷地感謝有短期居家照護平台及復能服務的協助，讓爸爸能順利恢復，達成他一直以來的夢想！

晚美的人生，需要一點個人空間

　　熟練地翻著荷包蛋、烤土司，加上水果點綴，一旁的牛奶才剛微波好，一天二人三餐四季，就是現在生活的寫照，手做早餐是美雲（化名）年紀漸長後養成的習慣。

　　「早辛苦、早享受」是美雲與先生在婚前就有的同樣目標，婚後也因為兩個人價值觀相同，不論是飲食習慣、孩子教育、退休規劃……等，都沒有太大的落差，讓兩人需要磨合的地方少了不少，生活上過得平靜且安穩。

　　在美雲五十歲的那年，孩子也都獨立了，夫妻倆結束了在職場拚搏的日子，迎來了退休生活。

　　對退休的生活該有什麼樣貌，他們夫妻都還在摸索，人生的風暴卻已悄然襲來——先生突然中風倒下，緊接而來的送醫、住院、治療，值得慶幸的是先生一向是那種決定要做什麼，就一定會盡全力做到的人，因此，當他可以下床後，便自主性的開始復健，連醫師看到他努力的樣子都連聲稱讚。

　　復健生活讓夫妻倆才剛開始的退休生活變得忙碌起來，以前兩個人分別在職場工作，一起在家的時間並不長，但現在二十四小時在同一個空間，太過密集的相處讓美雲開始難以呼吸，尤其是先生運動復健時，總是需要她陪同，避免跌倒而受傷，美雲雖然也盡力配合，但她很清楚，先生人高馬大，萬一真的跌倒，自己根本幫不上什麼忙，為了先生的復健能順利進行，美雲決定上網尋求協助。

一開始，美雲的目標是希望能找到陪先生復健的幫手，所以，她找到了能提供短期居家照護服務的平台，試約了一次三小時的服務，畢竟還得看先生能不能適應和習慣一個外人的存在。

第一次接觸照護服務，美雲本來還不是很放心，不過在照顧過程中，她看到了照服員的細心，例如在復健攙扶先生的手時不會用太大的力量，讓先生能夠嘗試靠自己完成步行，如果需要支持，才會輕輕地協助他完成，同時經常提醒先生補充水分，也提醒夫妻二人醫師及物理治療師交代的注意事項……照服員的專業、耐心和溫暖，讓美雲的先生百分之百認同且理解美雲的決定。

從此陪同先生運動復健的任務，就由照服員來協助進行，每週三次，每次預約三到六小時的服務，多虧了每週三次的照服員到府協助，先生的復健情形、健康狀況，都有顯著的進步，加上照服員過去護理師的背景，透過專業輔導先生復健也讓美雲了解更多照護相關的細節，讓美雲深刻理解到照護中風家人，只靠自己一個人是不夠的。

對美雲和先生來說，照服員協助的不僅是復健運動，更多的是生活上的協助，自從有了照服員，美雲現在能放心讓照服員陪同先生去做復健，自己則能不慌不忙的整理自己細心照料的小菜園，美雲慶幸自己當時的決定，讓退休後的夫妻日常生活不致身心失衡。

◆

「照顧家人之外也要保留一點自我空間，照護之路才能走得長遠」，擁有自己片刻休息的時間後，美雲這才有機會抽離主要照顧者的角色，得到這樣的體悟。

STORY 9

爺爺回診日，甜蜜負擔不再愁

「長大之後，我要開車載爸爸、媽媽、爺爺和奶奶一起出去玩！」

只是日子還沒走多遠，詩婷（化名）也還沒長大成人，奶奶就先到另一個世界旅行了。

考大學那年，爺爺將奶奶最喜歡的手環送給詩婷，希望奶奶的愛能夠護佑詩婷考試順利，未來的路也能順順利利，而詩婷果然順利地考上理想大學、畢業、就職，一直到現在，奶奶的手環仍舊在詩婷手上，無時無刻地守護著她。

幾年過去，詩婷長大了，詩婷的父母與爺爺年紀也漸長，爺爺的身體狀況逐年下降，起初還可以獨立生活，後來漸漸失去了自理能力，詩婷的父母雖然住得近，但畢竟沒辦法二十四小時看顧，加上自己年歲也不小，體力和精神都無法負荷，於是便請了一位外籍看護來照料爺爺的生活起居。

有了外籍看護，爺爺的問題確實解決了大半，但爺爺、爸爸、媽媽三個人的日常就醫、領藥、復健等，依然成了詩婷的大困擾和挑戰。

詩婷工作的地方在市區，平常也住在市區，但只要一到父母和爺爺的回診日，她就必須提前請假回老家，等第二天一早陪他們回醫院就診、復健。

「不是有外籍看護？為什麼不讓看護陪就好？」

分身有術的新孝道

詩婷自然也是試過的，她請外籍看護陪同爺爺和父母回診，紀錄下醫囑，替長輩們傳達身體狀況……然而，語言上的限制，以及理解上的問題，一般生活上的傳達尚還無礙，但就醫和復健不是小事，一旦在傳達上有疏忽，怕是會危及長輩們的健康，因此，詩婷還是決定自己來，不敢假手外籍看護。

「雖然照顧家人不是負擔，但偶爾也會希望有人可以幫忙。」

　　這是詩婷身為主要照顧者陪伴、照護家人這幾年心裡的聲音。

　　這幾年的照顧其實並不輕鬆，臨時半夜跌倒、有狀況需要急診，偶爾又因感冒而需住院……累積下來的壓力不少，偏偏這次的回診日詩婷同時有一場在外地重要的會議需要參加，讓她陷入焦慮的情緒中。

　　一位同事無意間發現詩婷正在煩惱家裡長輩的照顧問題，便立刻和詩婷分享了前些日子自己剛找的短期居家照顧平台：「我當初也是找了好久才發現竟然有平台提供這種服務，妳也可以試試。」

　　詩婷抱著「不妨一試」的心情找到了同事說的網站，因為網站的界面簡單易懂，她便立刻填入了自己的需求，也預約了時間，頓時，家人回診和她會議日期衝突的問題似乎得到了解決的方法。

　　「但這樣做真的可以嗎？」詩婷一邊開會，一邊還是擔心家裡長輩的狀況，因此，會議告一段落後，她便立刻撥了電話回家，「今天都還好嗎？」詩婷問來接電話的媽媽。

　　「很好啊，我們都好！妳請來的照服員很專業，不只記性好，人也很親切，爺爺看哪一科、妳爸看哪科，連我要拿什麼藥都記得呢。」媽媽滿意的說著。

　　「原來，也有人可以像自己一樣細心的陪伴、照顧家人。」詩婷

像發現新大陸一樣感動不已，一直以來扛在身上的壓力，終於找到方法可以分擔，詩婷頓時覺得輕鬆不少。

之後，詩婷又預約了兩、三次服務，來的照服員雖然都不同，但一樣專業細心，而家裡的長輩們也很滿意這樣專業又有彈性的服務，至此，詩婷總算能放心的將爺爺、爸爸和媽媽的回診，以及復健都交給專業的照服員了。

不論是哪一位照服員，都會先了解長輩們的身體狀況，待醫師詢問時，若長輩沒有說清楚，照服員也會補充說明，同時，還會協助紀錄下醫囑，例如醫師所需的文件或是報告等。遇到需要進行檢查或抽血，照服員也會幫爺爺協調好相關事宜，並在旁邊安慰與支持爺爺。診療結束，照服員還會幫忙整理好相關文件和藥品，並提醒醫生的囑咐，以及遵守治療計畫和用藥時間。

整個過程，照服員都會在旁照顧著，直到平安回家。

小時候的諾言現在終於也能實現，詩婷開著車載全家人一起出去玩，並且還是在有專業照服員的陪同協助下，去了許久不曾有過的家庭旅行。詩婷看看手上的手環，相信天上的奶奶也跟著出席了這次的旅行呢！

STORY 10

「一家之主」陳奶奶

「玉茹（化名），快，把房間清乾淨，我要泡腳了！」

今年剛好八十歲的陳奶奶，和絕大多數的廣東人一樣，愛乾淨、大嗓門，個性節省，尤其是大嗓門，讓身為照服員的玉茹一開始很不習慣，好像又回到小時候，做錯事被媽媽責罵的情景。她不知道的是，其實在她之前已經有兩位照護者來不到兩回，就再也不願接陳奶奶這個案子了。

「征服一個人要先征服他的胃。」手藝一向不錯的玉茹決定試試用拿手好菜——大白菜魷魚細粉、薑絲鯛魚杏鮑菇，緩解陳奶奶和她之間的緊繃狀態，「或許吃開心了，心情自然就好了。」哪知，陳奶奶嚐了一口後，竟眉頭一皺：「太鹹了，我吃不下。」玉茹這才想起，陳奶奶的女兒婉如（化名）在預約時就叮嚀過陳奶奶的口味較淡，而且，準備餐飯前最好先跟陳奶奶請教，偏偏玉茹一不小心忘了，「下次一定別再忘了。」玉茹在心裡這麼提醒自己。

把時間往回推兩個月，陳奶奶的女兒婉如在找看護的過程，可一點也不輕鬆。一開始找的是一位外籍看護，但才三個月，就因為不堪陳奶奶一天到晚的責罵，辭職了。婉如十分焦慮，一時之間怎麼可能找得合意的看護呢？

好不容易婉如查到了國內有提供短期居家照護服務的平台，但奶奶的脾氣是個不可否認的難題，現在又加上嚴重的退化性關節炎，在

照顧上更加困難，因此，雖然查到有這個平台，但婉如還是不確定是否真能找到願意照顧奶奶的照服員。

　　玉茹即便是在平台上登錄後找到了照服員，但擔心又發生做不久的狀況，決定事先把所有的注意事項說清楚，洋洋灑灑的七點注意事項，除了詳細交代如何照顧奶奶外，還包含奶奶的脾氣，以及有哪些一定要避開的地雷……幸好，玉茹是經驗深厚的照服員，雖然一開始還是有點擔心自己無法勝任照顧陳奶奶，但有了婉如細心準備的「照顧祕笈」，在照顧上確實減少了很多踩雷的可能。

　　熟悉一段時間後，玉茹會在陳奶奶關節疼痛時搭起軟墊和枕頭，並替她輕輕地按摩肩頸和手腕，這些細心的照顧會讓陳奶奶的身體逐漸放鬆，疼痛也緩和不少。同時，她會每天幫陳奶奶擦身，替她換衣、更衣、整理床鋪等等，每個動作都很輕柔又細心，以避免讓陳奶奶的身體受到更多壓力，更不會讓陳奶奶不耐煩或產生不好的情緒。此外，玉茹也告訴婉如可以讓陳奶奶進行適度的運動，這樣才能增強關節周圍的肌肉，減輕關節負擔。

　　玉茹也格外注重陳奶奶的飲食照顧。她會在每天的餐食中考慮陳奶奶的健康需求和口味喜好，讓陳奶奶吃得開心也吃得健康。像是多攝取富含鈣、維生素 D、膠原蛋白等有益於關節健康的食物，如牛奶、豆腐、芝麻等等，她還會經常煮一些湯水給陳奶奶喝，讓她的身體得到充分的滋養和保健。

　　其實總歸一句：「主動問，把她當一家之主事事請教。」玉茹發現只要在陳奶奶還沒吩咐前，虛心請教對方，不管是什麼需求或是處理方式，都能獲得語氣良好的回應。

　　兩個月下來，陳奶奶的口氣和緩許多，即便嗓門仍大，玉茹就當作是她健康狀況正常的象徵，也不以為意了，日常工作之餘陪著她聊

天，更了解她直爽的個性，也發現對方有很多可愛之處。婉如私下對玉茹說：「媽媽頻頻誇妳呢，妳事事主動請教她，讓她心情非常好，這點連我是她女兒都做不到。」

◆

在照顧陳奶奶的期間，玉茹不斷學習如何能照顧得更周全，並與陳奶奶建立深厚的感情關係。每日陪陳奶奶聊天，分享彼此的生活點滴。她知道，**照護是一份非常特殊的工作，需要耐心、細心和關懷，同時也了解到照護的意義不僅在於提供幫助，更在於為對方帶來溫暖和關愛。**

第 4 章 支援永在、溫柔相伴

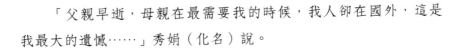

以前哥哥是靠山，現在我是哥哥的靠山

「父親早逝，母親在最需要我的時候，我人卻在國外，這是我最大的遺憾……」秀娟（化名）說。

人生是不斷奮鬥的過程，秀娟早早出國工作，埋首於事業，以致當她收到母親病危的消息，卻無法趕回來見母親最後一面時，她才驚覺自己錯過了很多陪伴、照顧母親，以及與家人共度的時光。

母親過世以前，都是由秀娟的哥哥明遠（化名）照顧，或許是長期勞累的結果，母親過世後，明遠也跟著中風倒下，失去了語言和行動能力。

這一次，秀娟一肩扛起照顧哥哥明遠的責任，因為她不想再錯過能和家人一起度過的機會了。一開始，她事事都得請教他人，再不然就是上網去找其他人的分享，一陣子之後，她已經能熟練地處理床上移位、沐浴、換衣服、大小便處理、換尿布、被動關節活動、灌食、翻身拍背等事情，看起來好像再沒什麼能夠難倒她了。

但事實卻並非如此，短時間還可以稱得上得心應手，但時間一長，吃的就是體力和精神了，一轉眼五年過去，已經五十五歲的她不論是體力還是精神狀態，和年輕時根本不能比，再加上居家照顧這件事，還是需要一定程度的專業，秀娟開始感到有些疲累，時常無緣無故地落淚和失眠，她知道若是再沒有人來協助她，怕是撐不下去了，於是她上網搜尋，發現有提供短期居家照護服務的預約平台，便預約

了專業且有照顧中風經驗的照服，等待協助。

　　和所有第一次預約照服員上門的人一樣，當照服員第一次到府提供服務時，秀娟對於明遠能否獲得良好的照顧感到擔憂，因此一直在旁邊陪同並評估照護的品質。她細心地觀察照服員在餵食和被動關節運動等方面的技巧和表現，發現照服員的態度非常細心、溫柔且專業。

　　像是餵食方面會先選擇濃稠食物或軟食，後又將固體食物切小以便食用，並耐心的放慢節奏讓明遠慢慢進食。同時，為他調整姿勢讓他能舒適的坐在椅子上，維持背部直立、雙腳平放於地面保持放鬆，之後進行被動的關節運動如肩部上舉、肘部彎曲等動作時，協助的動作及力量都很適當，且透過輕柔地按摩來舒緩明遠僵硬的肌肉和關節，也會細心的注意明遠的反應來調整姿勢、次數與方向，最後協助進行深呼吸練習以保持呼吸道通暢。經過半天的觀察，秀娟對這位照服員的表現十分滿意，終於可以放心將明遠託付給他人照顧了。

　　此外，秀娟一直希望明遠能偶爾沐浴，但由於原本的照服員是女性，所以秀娟從未嘗試讓照服員幫明遠沐浴，然而經過思考後，她決定嘗試並成功預約了一位男性照服員。當男性照服員來到家時，她發現男性照服員有著女性照服員沒有的優點，例如男性照服員擁有較大的力氣，能夠輕鬆地進行床上移位，也讓明遠在過程中更加舒適。此外，即使是男性照服員對於沐浴也非常專業、熟練，不僅能給予足夠的支撐確保明遠的安全，也會貼心的測試水溫不會讓明遠感到不適，還能夠快速且仔細地協助完成沐浴，整個照護過程非常順利。

　　透過照顧哥哥的過程，秀娟終於成功與自己和解，不再因當初在母親需要她時的缺席而自責，而是更加感謝明遠當時陪伴在母親身旁，成為家人的支柱。而照服員的介入，更是為秀娟開展了另一番視野，她了解到男照服員和女照服員的不同專業，也更清楚該如何向外

求援，現在，她每週固定會請照服員協助照護，為將來保留體力繼續
成為明遠晚年最大的靠山！

分身有術的新孝道

失能者照護

　　隨著台灣社會高齡化現象日益嚴重，高齡環境和失能照護需求逐漸成為重要議題。長壽是珍貴的禮物，但也伴隨著健康的挑戰。許多高齡者面臨著生理和心理上的變化，其中一部分人可能因為年齡或慢性疾病導致失能。這使得高齡環境建設和失能照護成為社會共同關心的議題。

　　根據 2004 年世界衛生組織（WHO）的推估，人類長期照護的潛在需求為 7 至 9 年。而對於台灣，根據相關統計數據，平均高齡者照護需求時間約為 7.3 年。值得注意的是，男性和女性在照護需求上的平均時長有所不同。根據數據顯示，男性高齡者平均需要照護的時間為 6.4 年，而女性高齡者平均需要照護的時間更高達 8.4 年。

　　這些數字顯示出，隨著社會的高齡化趨勢，高齡者的照護需求將持續增加，特別是對於平均壽命較長的女性而言。因此，建立完善的高齡照護體系和提供專業的高齡照護服務將成為一個重要的挑戰，也是社會各界必須共同努力的目標，以確保高齡者能夠在晚年享受到尊嚴、安全和適切的照護。

　　而高齡照護中，失能照護的需求更是不容忽視。

　　首先，要定義何為「失能者」，失能者是指因疾病、意外、年齡等原因，導致生理、心理或智能能力受損，無法自主執行日常生活活動的個體。這些活動包括進食、穿脫衣褲、如廁、洗澡等，因失能而無法完成這些基本生活活動，需要他人協助照料。

而失能程度則可根據個體在日常生活活動中的能力程度進行分級。常見的分級方式是 ADL（日常生活活動）指數，評估個體在進食、洗澡、如廁、穿脫衣褲等方面的自主能力。另外，還有 IADL（工具性日常生活活動）指數，評估個體在獨立居住情況下處理複雜的日常生活活動能力，例如購物、煮飯、清潔等。

在台灣，常使用的 ADL 量表為巴氏量表（Barthel Index）。巴氏量表的評估項目涵蓋基本生活技能，每個項目有相對應的分數，評估者根據失能者在每個項目上的表現，給予分數。分數的總和代表失能者的自理能力程度，最高分為 100 分，愈高代表愈獨立自理，愈低則代表愈需要他人協助。

那什麼是造成失能的原因？失能的影響又為何？造成失能的原因有多種多樣，可能是年老導致身體機能下降，也可能是因意外事故而導致傷殘，另外，慢性疾病如中風、心臟病、關節炎等也會影響個體的自理能力。

無論是什麼原因造成失能，失能這個結果對失能者本人及其家人都將帶來重大影響，心理上的負擔和經濟上的壓力也會相繼而來，因此，社會也需提供相關的照護資源和支援措施，以應對失能者的需求。

接著來了解六種生活情境下，照護與協助失能者的一些技巧。

✿ 情境一「進食」

失能者在進食方面可能需要協助。照護者需確保食物容易咀嚼和吞嚥，避免因吞嚥困難而引起窒息風險。同時，需要根據失能者的飲食習慣提供適當的飲食，並定期監測其體重和營養狀況。

協助進食的技巧對於失能者的照護至關重要，特別是那些需要協助進食的長者或病患。以下是一些常見的技巧：

◆ **調整姿勢**：確保失能者在進食時處於舒適的姿勢。如果是臥床進食，可將床頭抬高 30 至 60 度，或者採用坐姿進食。進食後，讓失能者以坐姿或半坐臥位休息 30 分鐘後，再慢慢平躺。

◆ **餵食者位置**：餵食者應坐在失能者的患側，這樣可以更方便地將食物送入口中，同時利於失能者的咀嚼和吞嚥。

◆ **自主進食**：鼓勵失能者盡可能地自主進食，如果失能者有自主進食的能力，可給予適量的支持和幫助。這有助於保持失能者的自尊心和食欲。

◆ **慢速進食**：確保進食速度緩慢，每口從少量開始。這有助於失能者更好地控制咀嚼和吞嚥的節奏，減少咽喉堵塞的風險。

◆ **確認安全吞嚥**：在失能者進食時，餵食者應密切觀察，確保每一口食物都被安全吞下，避免嗆食或呼吸困難的情況。

◆ **選擇適合的食物**：根據失能者的營養需求和進食能力，選擇適合的食物。有些失能者可能需要經過搗碎或打糊的食物，以便更容易進食。

這些技巧可以幫助照護者更好地協助失能者進食，確保他們獲得適量的營養，同時降低進食過程中的風險。照護者應該細心觀察失能者的進食情況，並根據個別需求進行適度的調整和幫助。

❀ 情境二「協助安全移位、翻身及坐輪椅」

不論是長者、行動不便者或身體虛弱者，移位都是基本的生活動

作，涉及進食、如廁、入浴、換衣等各方面。

移位包含「翻身」、「起床」、「坐下」、「起立」、「行走」**五種動作**，這些動作的組合構成了日常生活中的所有行動。然而，對於一些特殊群體來說，這些動作可能變得困難且容易造成意外。

因此，提供安全省力的移位協助至關重要。照顧者應該學習正確的移位技巧，避免用力不當、避免扭傷或跌倒等潛在風險，同時，也可以使用輔助工具，如升降椅、手杖或輪椅等，提供更穩固的支持。

省力翻身技巧要點如下：

1. 將被照顧者的腿彎曲，使膝蓋呈 90 度角。
2. 輕輕將被照顧者的身體向一側滾動，同時用手輔助將臀部和肩膀移動，使其轉向另一側。
3. 適時調整被翻身者的姿勢，確保其舒適。
4. 同時，操作者應採取前弓後箭的姿勢，以提供更穩固的支持和協助被翻身者完成動作。

這些技巧適用於幫助長者、行動不便者或病患進行翻身，確保其在床上保持舒適且防止壓瘡的產生。

此外，協助上下床及坐輪椅時，要特別注意安全和身體力學，以避免照顧者和被照顧者的受傷風險。以下也有 4 項建議的方法：

◆ **安全的床高：**確保床的高度合適，讓病患的腳能夠平穩觸地，進出床更容易。
◆ **使用床欄或扶手：**床欄或扶手可以提供額外的支撐，幫助病患

在上下床時保持平衡。

◆ **適當姿勢**：照顧者應站在輪椅或床的一側，保持身體重心穩固，並用膝蓋和腰部力量，而非僅用手臂力量，協助病患上下床或坐進坐出輪椅。

◆ **輔助工具**：根據需要，可以使用滑板或移位板來減少摩擦力，使移位更輕鬆。

至於協助由輪椅坐到椅子，則需要謹慎的操作和配合以下步驟：

1. 將輪椅推向椅子，使它們成 20 至 45 度角或平行，然後固定輪椅，移開腳踏板。
2. 失能者使用好手撐著輪椅扶手或好手扶著椅子，慢慢站立起來或轉身坐下。
3. 請失能者盡量往前坐，或抓住褲子兩側，用扭動方式挪向前面，約坐到坐墊的一半。
4. 照顧者保持較低的姿勢，失能者將雙手環繞照顧者頸部，輕壓失能者身體往前傾，直到失能者的鼻子超過他的膝蓋位置左右。
5. 兩人一起出力站起，使失能者從輪椅轉移到椅子上。

臀部減壓對於乘坐輪椅的人非常重要，可以避免壓傷的發生。以下提供一些方法來減輕臀部的壓力：

◆ **減壓座墊**：使用特殊的減壓座墊可以讓壓力較平均地分布在臀部，減少壓力集中在某一區域。

- **姿勢變換：**每隔 10-20 分鐘改變身體的前後左右姿勢，避免長時間在同一位置造成壓力集中。
- **撐起身體：**每次撐起身體 8 秒到 1 分鐘，可以幫助促進血液循環，減少臀部的壓力，預防壓傷的發生。

※ 情境三「如廁」

失能者在如廁時可能需要協助。照護者需了解失能者的排便習慣和需求，確保如廁的過程舒適和安全。對於長期臥床的失能者，也需採取措施預防便秘和尿路感染。

※ 情境四「洗澡」

洗澡不僅是為了清潔身體，還有許多重要的好處。以下是簡單概括協助失能者的洗澡步驟：

- **擦拭眼部：**從眼內向眼外擦拭，先擦拭離照顧者較遠的眼睛再擦近側。
- **擦拭面部、耳和頸部：**用毛巾擦拭這些部位，確保保持清潔。
- **清洗雙手、前胸、腹部和雙腳：**由距離心臟較遠處向心臟的方向擦拭四肢，確保整個上半身和下半身都洗淨。
- **翻身後擦拭：**輔助病患翻身，再擦拭背部和臀部。
- **清洗會陰及肛門：**使用溫水和毛巾進行清洗，保持這些區域的清潔。

當在協助失能者洗澡時，照顧者還可以提供以下照護技巧：

◆ **觀察皮膚狀況：**洗澡時，照顧者可以仔細觀察病患的皮膚狀況，檢查是否有傷口、紅腫、瘀傷或其他皮膚問題，及時發現並處理可能的問題。

◆ **促進血液循環：**洗澡時的按摩和輕柔的搓揉可以促進血液循環，有助於緩解肌肉緊張和促進身體放鬆。

◆ **舒展肢體：**洗澡時可以通過不同的動作，如抬手、轉動身體等，幫助病患舒展肢體，增加關節的活動度。

在洗澡過程中還須確保照顧者和被照顧者的舒適和安全。尤其是以下 8 點：

◆ **注意隱私和尊重：**在洗澡過程中，要尊重被照顧者的隱私，確保在他人無法看見的地方進行洗澡。並給予基本的尊重和尊嚴，與被照顧者進行溝通，確保他們的意願和需求被尊重。

◆ **使用浴巾遮蓋：**尚未清洗或已經清洗完的部位，可以使用浴巾覆蓋，保持隱私和溫暖。

◆ **留意環境溫度：**確保洗澡的浴室環境溫暖舒適，特別是在天氣較冷的時候，可以提前開暖氣或電熱器來提高浴室溫度，避免被照顧者感到寒冷。

◆ **清潔速度和動作：**清潔的速度不宜過慢，但要確保動作輕柔，以保證清潔乾淨為首要原則。從最乾淨的部位開始清洗，逐漸向最髒的部位進行，確保洗澡過程的衛生和有效性。

◆ **留置管路護理**：如果被照顧者有留置管路（如尿管或輸液管），在進行身體清潔後，需要另外進行管路護理。這包括清潔和消毒管路的相關部位，確保管路的衛生和順利運作。

◆ **飯前／飯後一小時不清潔**：為避免影響消化，建議在飯前或飯後一小時內盡量不進行身體清潔。這樣可以讓身體專注於消化食物，避免因清潔而影響消化功能。

◆ **協助排泄後進行清潔**：如果被照顧者需要協助排泄，建議在進行排泄後再進行身體清潔，這樣可以確保排泄完畢，身體乾淨，並避免可能的交叉感染。

◆ **加強清洗關節處和皮膚皺摺處**：這些部位容易積聚污垢和細菌，需要特別加強清洗。但要避免清洗傷口處，以免影響傷口的康復。身體清潔後，再進行傷口的單獨護理，確保傷口的清潔和療效。

❖ 情境五「穿脫衣褲」

穿脫衣服的口訣為「穿患脫健」，特別適用於幫助需要協助穿脫衣服的人，尤其是有一側肢體功能較弱的情況。

首先為穿衣服，先將一隻衣袖全部套進「患側」手臂，再拎住衣領將衣服披到肩上，將衣服繞到健側前部，再將健側手臂伸進衣袖。接著是脫衣服，將衣服脫到兩側肩膀處，先將能靈活運動的「健側」的手臂從袖子中抽出，再將患側手臂從袖子中抽出。

再來是穿褲子，將褲管捲起先套進「患側」腿部，然後再轉移到健側，同樣進行套褲管，讓患者彎曲膝蓋，將手放在腰下使身體懸浮，再將褲子向上拉至腰部，確保褲子穿戴到位。最後是脫褲子，彎曲膝

蓋，將手放在腰下，使身體懸浮，以減輕壓力，然後將褲子拉下直至膝部，然後手抓著「健側」腳踝，將褲管脫下，再轉移到患側，同樣進行將褲管脫下。

接著，來談談失能者易出現的 5 大問題與其對應的照護技巧：

◆ **呼吸道感染問題**：在長期臥床的情況下，吞嚥功能因為退化造成進食過程容易使食物誤入呼吸道，因此導致感染問題。在照護方面，床頭要搖高，應注意其情況調整餵食速度，餵食完後此姿勢維持至少 30 分鐘以上，不要馬上平躺。並且，協助失能者定時做深呼吸及咳嗽，且每二小時翻身使氣管內黏液鬆動，預防分泌物沉積。

◆ **肌肉或關節攣縮問題**：慢性疾病失能者如中風、創傷、長期臥床的病患，常常有肌肉或關節攣縮、垂足問題。在照護方面，鼓勵能活動者，自己做主動的全範圍關節運動；無法自己活動的病患，完全需由他人執行之，需要 2 小時翻身一次，仰臥、俯臥及兩邊側臥輪流。

◆ **泌尿道感染問題**：放置導尿管者，發生泌尿道感染的機率增高，而且會造成嚴重的感染進而加速惡化失能的程度。在照護方面，均衡營養的補充，如攝取適當水分及考慮使用蔓越莓的相關產品等，可以預防此情形的發生。

◆ **壓瘡傷口問題**：若是長期臥床的情況下，發生的機率可能高達 15%。其常見發生的部位通常在骨頭的突起處，如枕骨、肩膀、坐骨、薦骨、足跟等部位。

壓瘡傷口問題在照護方面，建議養成每日檢查皮膚的習慣、維

持身上衣物與床單的平整潔淨，選擇減壓床墊或是氣墊床。此外，無法自行翻身者，需要 2 小時翻身一次，減少壓傷的發生機會。

◆ **環境安全的問題**：由於失能與環境潛在危險的影響，容易發生跌倒、燙傷等意外。在照護方面，預防跌倒的方法，首要運動，以增強心肺與肌肉骨骼功能，也使得肌肉力量與協調性增加；此外，更換姿勢時宜緩慢及善用輔具，並注意環境的清潔與通暢，必要時於樓梯與浴廁等處加裝扶手。

綜合以上所述，失能者照護是一項複雜且具挑戰性的工作，照護者需要具備專業知識和技能，並提供溫暖的陪伴與支持。透過了解失能者的需求和特點，掌握相關照護技巧，就能幫助失能者維持更佳的生活品質。同時，也需社會各界共同努力，提供更多的照護資源和支援措施，建立更友善和包容的社會環境，讓每個失能者都能得到適切的關懷和照護。

第 5 章

外籍看護空窗，
你有更合適的選擇

STORY 12

外籍看護失聯，誰來照顧媽媽？

「阿蘭怎麼還沒回來？她有說去哪裡嗎？」宜鈞（化名）詢問。

「我剛剛收到阿蘭傳來的訊息，她說她人沒事，只是想去別的地方工作……」妹妹看著手機無奈回答。

「無論如何，阿蘭離開是事實，我們只能先想想其他辦法了！」宜鈞無奈地說。

阿蘭是宜鈞家的外籍看護，主要負責照顧已經八十多歲中風過的宜鈞媽媽，由於她責任心強、愛乾淨，宜鈞與家人對她的信任與依賴日益增加，就連一開始很不習慣的宜鈞媽媽，隨著被阿蘭照顧的時間越長，也越來越離不開她，對宜鈞媽媽來說，阿蘭早已成為生活中不可或缺的存在。

宜鈞一家對阿蘭也是很不錯的，體諒阿蘭隻身來台工作，肩上扛著養家的重責大任，再加上阿蘭工作十分認真，因此，除了提供月薪外，三不五時還會找些理由多貼補她一些，此外，下班後、假日或週

末，只要家裡其他人有空，也都回家陪媽媽，讓阿蘭能夠有自己的時間去處理自己的事，或是和同鄉聚聚。

也因為如此，阿蘭的突然離開，宜鈞一家人完全不能接受，甚至感到被背叛而憤怒，畢竟宜鈞媽媽雖然經過復健，身體狀況已經有所進步，但年事已高，日常生活還是需要有人從旁協助，如今阿蘭出走，對宜鈞一家人來說是青天霹靂的消息。幸好，宜鈞一家人感情融洽，彼此協調商量，過度時期輪流排班陪伴媽媽是沒問題的，然而，在大家平日都有工作，也有各自家庭的情況下，這實非長久之際，為了讓媽媽能得到更好的照顧，他們還是必須要有一個能替代阿蘭的人。

一開始，他們嘗試聘請派遣的臨時看護，卻不是遲到，就是置媽媽在危險中，例如，洗澡的水溫太高、沐浴後不及時將地板弄乾⋯⋯明明在一開始，宜鈞便已經將注意事項：①不能吃太燙、②東西要切小一點、③洗澡水溫不能太高、④半夜會需要上廁所、⑤別讓她吃太多水果等一一告知，派遣來的看護還是無法配合。

「照顧長輩，真不是一件簡單的事！」宜鈞苦笑著說，「照顧這件事，沒有專業還真的無法做到最好。」

在妹妹的建議下，宜鈞上網查找了國內短期居家照護服務的平台，透過線上預約，第二天就來了位有中風照顧經驗的照服員。宜鈞因為要上班，便急急的將全家人整理出來的注意事項交接給照服員，出門工作了。

雖然宜鈞人在外，但心裡還是放不下，這段時間她都在母親身邊，事事親力親為，深怕別人無法好好照顧母親。不料當傍晚宜鈞回到家時，照服員已陪伴母親散步回來也洗完澡了。

宜鈞發現浴室的地板早已擦乾，媽媽和照服員也有說有笑的，甚至電視旁的櫃子上，還多了一小盆花。媽媽開心的說，白天照服員帶

著她去了趟花市，因為已經很久沒去所以就買了盆花，這讓宜鈞恍然意識到，過去自己只顧著細心打點好媽媽的生理需求，而忽略了媽媽過去十分愛花花草草……看見照服員連媽媽的興趣愛好也細緻妥貼的照顧到，讓宜鈞感到安心。

本來以為阿蘭無預警的離開，會讓他們亂成一團，連帶著媽媽的照顧也會受到影響，沒想到，因為有了這個居家照顧服務的平台，竟然可以讓他們的生活絲毫不偏離正軌，宜鈞心裡充滿感恩。

走了外籍看護，卻多了個貼心的「女兒」

　　滿枝（化名）阿姨和她丈夫是社區裡的老住戶了，滿枝阿姨個性開朗又樂於助人，社區裡誰家有事需要幫忙、臨時出門怕孩子沒人顧，滿枝阿姨都是第一人選，後來滿枝阿姨年紀漸大，大家怕她太勞累，雖然較少麻煩她幫忙，但三不五時還是會找她話家常。

　　五年前，滿枝阿姨的丈夫突然中風，一開始自然是由滿枝阿姨照顧，但畢竟滿枝阿姨的年紀也不小，一段時間的操勞，連她自己的身體也出了狀況，滿枝阿姨的女兒憶寧（化名）便找了一位外籍看護來照顧爸爸。

　　一開始外籍看護還滿有責任感，但隨著照顧時間越久，環境越來越熟悉，滿枝阿姨發現她經常會「消失」一段時間，不是在社區中庭和其他的看護聊天，就是一出門就久久不見回來，就連平日裡請她做的事，她也常沒做完，到最後甚至常有叫不動的情況，滿枝阿姨雖然覺得這樣下去不行，但一想到找人不易，只好不了了之、得過且過了。

　　去年，滿枝阿姨的丈夫離世，這個打擊讓原本身體狀況就不太好的她，更是日漸憔悴、鬱鬱寡歡，甚至食不下嚥、夜不能眠，憶寧和其他家人雖然假日都會來陪伴她，但滿枝阿姨一直無法走出陰霾，偏偏幾乎是同一時間，外籍看護又即將到期，一旦外籍看護離開，滿枝阿姨便只剩一個人，憶寧心裡情楚，到時媽媽的狀況一定會比現在更糟糕。

　　但外籍看護不是說申請就能申請的，以前是因為滿枝阿姨的丈夫

中風，但現在丈夫過世，滿枝阿姨又還不符合申請外籍看護的資格，於是憶寧便轉向之前在網路上曾經看過的第三方照護平台，在輸入需求和條件後，媒合出了幾位照服員，線上談過後，憶寧和一位黃小姐約定，每週一、三、五的白天，來家裡陪媽媽八小時，由於滿枝阿姨雖然身體不好，但生活上是可以自理的，只有偶爾需要搬動或是買菜需要提重物時，會需要協助，因此，黃照服員最主要的任務其實是在「陪伴」滿枝阿姨，減輕她的孤獨感。

其實，原本的滿枝阿姨是開朗的，只是因為痛失相守一世的另一半，一時影響了情緒，黃照服員發現了癥結點後，便經常陪滿枝阿姨聊天，同時，她也是位好聽眾，不論滿枝阿姨說什麼，黃照服員都是事事有回應，此外，黃照服員還帶著終日懶洋洋的滿枝阿姨一起作飯、逛街買菜，還會時不時的「請教」滿枝阿姨許多事情的觀點……才沒多久，經常同出同入的黃照服員和滿枝阿姨，幾乎就像母女一樣的形影不離了。

黃照服員十分的細心，她知道滿枝阿姨喜歡小孩子，便在學校的放學時間，陪她去學校附近散步，和鄰居孩子打打招呼，黃照服員和憶寧說過，那是最讓滿枝阿姨開心的時間。

至於滿枝阿姨這裡，在黃照服員的照顧下，她臉上的笑容變多了，話也變多了，漸漸的又回到了之前那個開朗、愛笑，喜歡和人互動的滿枝阿姨了，身為女兒的憶寧看到媽媽一直往好的方向改變，大大的鬆了一口氣，心裡也踏實多了。

照顧不只是照顧，還能帶來「心」希望

鄭媽媽正式確診帕金森氏症消息的那天，無疑是給了鄭家最重的一擊。

帕金森氏症是一種神經退化性疾病，誘發原因眾說紛紜，但最可能的主要原因有三：體質基因、感染發炎、及環境毒素，導致腦部的多巴胺細胞快速凋亡，進而出現帕金森氏的症狀，例如顫動、身體僵硬、動作緩慢或步態不佳等。目前為止，帕金森氏症被認定是無法復原的疾病，只能盡力延緩惡化的速度。目前鄭媽媽已經步入第三期，症狀主要為步態不穩，且已無法獨自保持平衡。

幾十年來，鄭媽媽一直都是家裡的支柱，除了包辦家中的一切事務，同時也是鄭爸爸事業上的最佳助手，雷厲風行的作風讓孩子們十分敬佩。剛患病時，鄭媽媽還能保持樂觀的心態，笑說自己忙了幾十年，於能喘口氣，享享清福，然而，隨著病況日漸加重，一些原本對她來說再簡單不過的小事，例如擇菜、使筷，現在對她而言都成了「不可能的任務」。這樣的改變加上病痛的折磨，鄭媽媽的情緒也逐漸受到影響，身形也日漸消瘦。

美娥（化名）回想，以前回家時，總能看見媽媽上下操勞的身影，不是在準備飯菜、就是在擦桌拖地。但現在子女回家時只能看見她躺在床上的清瘦背影。雖然爸爸和媽媽同住，但爸爸已經八十歲，照顧自己都相當辛苦，何談照顧逐漸失能的媽媽呢？為了能有專人照顧媽媽，一家人討論後，決定聘請一位外籍看護。

在經歷一番麻煩的程序，包括填寫量表、尋找仲介及媒合後，阿娣在一個下午來到了鄭家。阿娣是一名中年婦女，給人的印象是謹慎而和善的，這是她第一次來到台灣當看護工，因此中文不太流利，只能透過簡單的單字和手勢來溝通。但鄭媽媽在生病後變得十分寡言，並不會主動提出需要協助，阿娣只能透過鄭爸爸向鄭媽媽傳遞訊息，久而久之，兩人間的隔閡自然愈來愈嚴重。

對帕金森氏症患者來說，藥物的控制非常重要。美娥一開始就告訴阿娣務必要定時提醒鄭媽媽吃藥，她也很認真地遵照指示。然而，和絕大多數的慢性病患者一樣，都有不願意吃藥、懶得吃藥，甚至對藥物產生厭惡感的情況。面對鄭媽媽不願意吃藥的情況，阿娣也不知道該如何勸說，只能反覆地提醒，然而，這樣的「嘮叨」只會讓鄭媽媽更不想吃藥，甚至對阿娣產生反感。

此外，由於阿娣的語言能力有限，除了處理照顧相關的事務外，她幾乎不會與鄭媽媽交談，鄭媽媽多次向美娥表示，希望能換掉阿娣，她不想再讓她照顧自己。這讓美娥非常困擾，因為更換外籍看護並不容易，而且也無法確保新的看護與媽媽能夠相處融洽。

但，問題還是要解決的，美娥詢問從事相關行業的朋友，朋友坦承，要媒合到適合的外籍看護相當看運氣，出現問題後要解決也不方便。「難道就真的沒有解決的辦法了嗎？」美娥希望能從朋友那裡再得到一些有用的訊息。

「再找一位本國籍、有經驗的短期居家照服員，定時來協助鄭媽媽，應該是個不錯的辦法。」從事相關行業的朋友為美娥提供了另一條解決的路。

美娥依朋友給的建議，利用手機查到能提供相關服務的ＡＰＰ，她立刻將需要的條件輸入，很快的便依她輸入的條件，開始篩選合適

的照服員。

　　有過「前車之鑑」，這次美娥相當謹慎，認真閱讀每一位照服員的介紹，最後選定了經驗豐富的秋月（化名）。秋月曾在養護機構工作了十多年，後來為了照顧公婆，希望能自由安排工作時間，於是轉向平台接案服務。美娥希望她能在下午到傍晚的時間來照顧媽媽，因為這是媽媽服藥的時間，同時也能協助她洗澡、一起到附近散步。

　　第一次見到秋月，美娥就感受到她的開朗和健談。雖然在平台上已經看到她擁有豐富的照護經驗，但是真正和她聊天之後才發現她對於各種疾病都有相當深入的了解，包括像媽媽這樣的帕金森氏症，以及嚴重失智和晚期癌症等。因為接觸過許多病患，對他們的需求和感受也有深刻的體會。她認為鄭媽媽目前在身體上的負擔其實還不及情緒上的打擊，要讓她對未來保持樂觀的態度，才是讓她能願意正常服藥的關鍵。因此，她常常和鄭媽媽聊些開心的事情，或者是一些新鮮有趣的話題，以轉移她對病情的過度關注，讓鄭媽媽的身心保持在相對穩定的狀態。

　　每次提醒鄭媽媽吃藥的時候，秋月總是巧妙地引入一些話題，以減緩鄭媽媽對於藥物的抗拒情緒。此外，她也鼓勵鄭媽媽表達情緒，透過適當的方式引導鄭媽媽，並分享她的過去的經驗和所見所聞來減輕鄭媽媽的情緒壓力。更重要的是，在聊天的過程中，她讓鄭媽媽重新審視自己的價值，不讓疾病抹煞以往的貢獻和成就，提醒她在未來還有很多的事情，可以將生活帶向更寬闊的領域。

　　秋月真的不只是一位單純的照顧者，她和鄭爸爸之間也能很好地交流，還會主動教導鄭爸爸和阿娣一起幫助鄭媽媽做一些被動關節運動，這不僅減緩鄭媽媽肢體退化的速度，也讓她有機會與他人互動，連帶著也減低了對阿娣的不滿，漸漸能夠接納她。

分身有術的新孝道

透過與秋月相處，美娥才真正了解到照顧他人絕非易事，需要同時顧及身體和心理的需求，這正是完整照護的關鍵。

　　面對患病的長輩，除了身體上的照護，如何鼓勵、陪伴長輩也是照顧者的重大課題。長輩們常常面臨孤獨、焦慮、失去目標感等問題，因此，照顧者需要學會提供關心、鼓勵和支持，讓被照顧者的精神狀態也能得到關注和照顧。

◆

　　關心、鼓勵、支持和陪伴是照顧長輩精神健康的重要方式，這不僅能夠幫助他們渡過生活中的困難，還能提升他們的生活品質和幸福感。要懷著愛心和耐心，用行動與關懷來照料長輩的身心健康，讓他們感受到溫暖和快樂的晚年生活。

跟媽媽一起織出一片美好

小時候曾寫過的作文題目「我的媽媽」，繁蘋（化名）依舊記得當時寫下：希望自己有一天可以像媽媽一樣，當一個有活力的魔術師，總能做出美味多變的料理，更有一雙善於編織的魔手，舉凡衣服到玩偶，只要提出來，媽媽總能想出辦法，就像變魔術一樣。

劉媽媽對家庭的熱愛延續到了孫子身上，每逢過年，她也會幫孫子們織毛衣，全家人穿的毛衣都出自劉媽媽之手，因為劉媽媽對家人的關心，家人們之間相處融洽，即便劉爸爸前幾年過世，家人依舊團結一心，常常聚在一起。

原以為生活會繼續這麼平順下去，直到一天早上，劉媽媽出門買菜時跌倒，幸好鄰居黃阿姨及時發現，幫忙叫了救護車，同時也第一時間通知繁蘋。

沒想到劉媽媽這一摔不僅骨折了，還因此檢查出患有帕金森氏症的狀況。由於繁蘋是學校老師，工作繁忙，無法每天照顧媽媽，因此住院期間由她和兄弟姐妹輪流陪伴媽媽，至於出院後，大弟提議找外籍看護，畢竟劉媽媽也七十多歲了，有個人幫忙陪在旁邊可以避免跌倒或意外再次發生的風險，大家覺得有道理，於是就幫媽媽找一位外籍看護。

幸運的是沒有發生外籍看護難溝通、無故離職的事情，劉媽媽與外籍看護梅伊互動也十分愉快，雖然難免有點語言隔閡，但梅伊都會盡量用肢體語言表達清楚，也很盡責的照顧陪伴劉媽媽。因此，兄弟

姐妹總在逢年過節就多會包些紅包給梅伊，平時也會採買東南亞食材或零食給她，好讓隻身在外的梅伊也能解一點思鄉之愁。

然而，長時間沒有休假逐漸讓梅伊支撐不住，有一次她在私底下提出希望可以固定休假，於是繁蘋便在家庭聚餐提出這件事，所幸大家的反應都很支持。

「人是肉做的，一定要有適當的休息。」大弟說，「只是梅伊休息的時候，誰可以照顧媽媽呢？我們也不是每個禮拜都可以回家看媽媽。」

大弟一提出這個問題，所有人都陷入了沉默。突然，繁蘋把手機放在桌上，然後向大家說：「大家要不要看一下，我前幾天找到一個國內的居家照護媒合平台，不但有專業的照服員，還可以依自己所需的條件來挑選具相關經驗的人，大家可以看一下。」

「那我們先試試看這個吧！」得到大家一致的同意，繁蘋便趕緊預約。

在進行服務前，照服員已經透過平台上的傳訊功能跟繁蘋聯繫，詢問劉媽媽的基本狀況、需求和服務內容。照服員第一次到府服務繁蘋也在場，照服員先向繁蘋和劉媽媽打招呼，並仔細的詢問劉媽媽當前的身體狀況和需要的幫助，同時也向繁蘋確認服務內容，緊接著，照服員立即依需求幫助劉媽媽完成日常生活中需要的活動，如沐浴、簡易家事、備餐等。

在協助劉媽媽洗澡和如廁時，照服員會先確保浴室環境乾淨，同時也會留意劉媽媽的舒適和安全；幫助劉媽媽穿衣、上下輪椅和床時，她會小心翼翼地確保劉媽媽不會受傷，也讓劉媽媽感受到溫柔的關懷和尊重；在備餐方面，照服員會根據劉媽媽的口味搭配食譜，使用現有的食材製作營養豐富的餐點，同時注意食材的衛生和烹調方法的健

康性。

照顧過程中她也會和劉媽媽聊天，讓她感到關心和陪伴，保持劉媽媽心情的愉悅，平日裡還會把劉媽媽的藥物準備好，以確保她能按時服用。

不僅提供日常生活上的幫助，照服員還協助劉媽媽做一些有助於改善血液循環和肌肉強度，並減輕帕金森氏的症狀的伸展和散步等輕微運動。此外，她建議繁蘋幫媽媽建立一個平穩的環境，在家中設置支撐物、椅子等來運動，避免地毯等容易引發意外的障礙物，不但可以增強媽媽的肌肉力量及平衡力，還可以避免跌倒。

繁蘋親眼看著既專業又有耐心的照服員，貼心又細心的照顧媽媽，終於可以放心地去工作，之後繁蘋也就放心的預約了每週兩次的服務時間，讓照服員來照顧媽媽。

一天，照服員向繁蘋提起說要陪劉媽媽去買毛線，繁蘋這才想起，打毛線曾經是媽媽的最愛，只是近年來買衣服方便後媽媽就不再編織。自從罹病後，媽媽顯然受到不小的打擊，生活頓失重心，「或許讓媽媽動動手，重拾編織的樂趣，對媽媽也是有好無壞的吧。」繁蘋決定採納照服員的建議，鼓勵媽媽多動動手。

「媽，最近我生日要到了呢！您可以教教我您獨門的打毛線技術嗎？」繁蘋問。

「好是好，不過打毛線可是要有細心跟耐心的喔！」劉媽媽半笑半認真地回答。

此後，每週日就是繁蘋的毛線課，從一開始十次打毛線，十次需要拆掉重打，到現在能夠完整打出一條圍巾了。這段日子，劉媽媽的日子總算又充滿了歡笑聲，不再愁雲慘霧，平日有照服員的陪伴，假日又有家人在旁，劉媽媽不僅更努力的復健，日子也愉快多了。

STORY 16

面對打擊，老倆口也能重拾生活樂趣

「梁媽媽今天狀況很好，剛剛還有跟著收音機做一些體操呢！」照服員這樣說道。

梁媽媽的女兒宋琪（化名）已年過半百，受到父母的影響，一直以來就有每天聽收音機做體操的習慣，有時還會招呼左鄰右舍一起做，身為家中最小的女兒，比別人幸運的是，她上有兄姊，家裡的事情總是有人可以幫忙。梁爸爸、梁媽媽雖也將近 70 歲，除了年紀大了之後，難免有的慢性病需要兄弟姊妹輪流陪伴回診外，沒有其他的壓力和負擔。

一年冬天，有那麼一陣子，梁媽媽時常搐著胸口嚷嚷著不舒服，檢查後才知道是心臟的問題，由於梁媽媽本來就有糖尿病，這回加上心臟病，醫師便提醒她，讓她別再看心情測血糖，一定要天天測，而且要控制飲食、堅持每天運動，這下子，一直自覺血糖控制得很好，算是健康的梁媽媽也開始重視起自己的健康狀況了。

平時在家裡，就是由梁爸爸來監督梁媽媽測量血糖，同時也幫自己量測，他總說：「年紀大了，該多注意就多注意。」兩老就在這樣在相互監督的情況下維持好一段時間的優秀表現。

但誰也沒料到這樣平靜生活的背後，竟埋伏著足以讓全家人起翻天覆地變化的意外。

一次在全家人團聚時，梁爸爸趁梁媽媽不在時小聲地和大家說：

「你們媽媽最近可怪了，不僅幾次把我鎖在門外，還忘記關水、關瓦斯，也曾發生剛吃完飯沒一會兒就說餓的情況。」

「年紀大了，比較健忘也是難免，不過忘記吃過飯就有點……」宋琪總覺得有點不對，決定立刻帶媽媽去看醫生，結果竟然是失智症。「幸好當時沒真的以為只是『年紀大』。」宋琪在心裡暗暗的鬆了一口氣，當然，也多虧梁爸爸的細心觀察，及時發現了梁媽媽的「異常」。

梁媽媽確診為失智症後，宋琪便在家人群組裡公布了這個消息，大家都很清楚，目前這種由爸爸照顧媽媽，或是兩老互相照顧的狀態，在媽媽罹患失智症後，已然不適用了，剛好雙親的年紀都到達可以請外籍看護的門檻，因此，大家討論的結果，決定由宋琪去申請外籍看護來陪伴媽媽。

算是很幸運的，宋琪找到的是一位有經驗的外籍看護阿喜，因此很快就上手，不論是生活照顧或是盯梁媽媽吃藥等細節都做得十分好，只是畢竟是外籍看護，在語言上和飲食習慣方面，梁爸爸和梁媽媽一直頗有微詞，因為要和阿喜溝通只能用單字、單詞，有些還得搭配比手劃腳，十分困難；至於飲食的問題就大了些，阿喜的料理偏重口味，雖然很下飯，但一向口味輕淡又有慢性病的梁爸爸和梁媽媽身體實在吃不消，最後只好讓阿喜不要備餐，飲食的部分還是由梁爸爸和梁媽媽自己來。

一段時間後，阿喜向宋琪提出希望能有固定休假，好讓她能與一同在台灣工作的家人定期聚會，宋琪聽到後當然同意，一來休假確實是阿喜的權益，二來在國外工作很辛苦，能跟家人相聚的時間一定要把握。

阿喜要休假的事確定後，要解決的問題就是阿喜休假時，梁媽媽的照顧該怎麼辦了。「我們輪流來吧。」「再找一個人來幫忙。」……

幾位兄弟姊妹紛紛提供意見，然而，輪流照顧的想法有點不切實際，因為兄弟姊妹都住外縣市，假日要撥時間趕回來，怕是有困難；至於再找一個人，突然梁爸爸也提了想法：「之前隔壁的老劉住院時我去看他，那時候還以為他孩子從國外趕回來陪他，一問才知道是用手機找的照服員，那年輕人把老劉顧得妥妥貼貼，要不我們也試試？」

爸爸的話點醒了宋琪，她立刻拿出手機搜尋相關資訊，發現國內就有提供短期居家照護服務的預約平台，由於平台有豐富的資源，因此，宋琪很快的預約到一位有照顧過失智症患者經驗的照服員，同時也利用平台傳訊功能，將媽媽目前的狀況、醫師的叮囑以及其他需要留意及注意的事項，和照服員一一溝通，待預約時間到，也正是阿喜休假的當天，宋琪等照服員到後，讓爸爸、媽媽和照服員相互認識後，便去上班了。

晚上宋琪回家時，阿喜已經回來，照服員也結束服務離開，梁爸爸、梁媽媽一見到宋琪就忍不住大力稱讚來幫忙的照服員，「照服員不僅備餐有兼顧到營養和均衡，同時還能跟他們天南地北的聊天。」宋琪看爸爸、媽媽的心情十分好，整個家的氣氛也不再沉悶了。

宋琪發現，每次照服員來家裡，第一件事就是先確認媽媽當天的身體狀況和心情，再詢問有沒有什麼要特別注意的事，備餐前，也會先徵詢兩位老人家是否有特別想吃的食材，再依他們的口味來做料理，不僅注意少油少鹽，也仔細計算好每日所需攝取的營養，為避免重複的食材會造成胃口不佳，照服員還會讓食材盡量不重複，或是在搭配上多做變化，確確實實的做到既美味又健康。

除了烹調餐點、控制飲食，照服員還會特別注意梁媽媽的藥物管理，並定時測量血糖，確保梁媽媽按時服藥，避免忘記或錯誤用藥的情況發生。在陪伴的過程中，照服員會和梁爸爸、梁媽媽像朋友般輕

鬆的聊天，他們會談論一些日常瑣事或是生活中有趣的事等等，這讓梁爸爸、梁媽媽感受到無微不至的關心和陪伴。

還不只是這樣，照服員在完成一整天的照護任務後，都會確保家中的環境整潔，並將所有用過的物品歸位。這樣的照護細節，不僅讓梁爸爸、梁媽媽感受到愛和關懷，同時也讓宋琪可以放心工作，不用擔心家中的照顧問題。此外，照服員也鼓勵梁爸爸、梁媽媽參加社區的活動，藉由與其他長者交流，認識了許多新朋友，也漸漸對生活產生了新的興趣。

幾個月下來，梁媽媽的身體狀況和精神狀態都有所改善，之後，宋琪每週兩天的下午固定預約照服員到家中，幫忙備餐、進行生活上的照顧與陪伴，讓外籍看護阿喜在例行性的休假時可以無負擔地放假，而讓人熟悉的收音機體操又再社區裡重新活躍了起來。

健康照護的飲食與運動

你有親自餵食過年長的父母嗎？

你有注意過父母喜歡吃什麼？吃不吃得下？

你有認真研究過，準備的菜色和食材是否有兼顧營養和喜好？

你知不知道父母隨著年紀的增長，也面臨體力、身體功能的衰退和限制？

家裡有長期臥床的家人嗎？你知道即便是這樣，運動對他們來說還是很重要嗎？

……

　　台灣已邁入高齡社會，每 10 人中就有 1 位是 65 歲以上的高齡者，因此高齡者的健康照護是需要社會共同關注和面對的議題。根據統計，社區中的高齡有 5% 至 10% 有營養不良的問題，養護機構內的高齡者更有 17% 至 65% 營養不良。高齡者營養不良容易造成跌倒、骨折、不能獨立生活、長期住院和增加醫療及照顧支出。

　　長輩們日漸老去的過程中，飲食和運動方面是最早面臨挑戰的，例如，牙口越來越不好、食慾變差、咀嚼能力和味覺衰退……這些因素導致長輩們的營養攝取不均衡，並衍生出心情方面的健康問題，首當其衝的就是營養不良的問題。

　　在照顧日漸年邁的長輩時，觀察他們的飲食習慣，早期發現他們是否有營養不良的狀況是非常重要的。倘若長輩對食物失去興趣、食

慾減退、體重持續下降，頭髮變得脆弱和無光澤，皮膚變乾或出現搔癢現象，都有可能是營養不良的早期徵兆，特別是對本來就瘦弱的長輩，這就是更需要重視的指標。

其次要注意的是長輩們是否因為活動力減弱，或是營養不良，出現肌少症，甚至有肌肉萎縮的現象，使長輩在日常活動中感到吃力。由於營養不良還可能影響長輩的免疫系統，使他們容易生病。因此，如果長輩頻繁出現感染或疾病，也應格外重視。

營養均衡的飲食是維持身體健康的基石，下面一些健康飲食的原則，可以幫助大家一起建立良好的飲食習慣，維持我們的健康：

1 將一天的飲食分成 5 至 6 餐，兩餐間進食低脂牛奶、營養穀片及簡便點心補充營養。

2 豆製品，如豆腐、豆漿，可取代部分動物蛋白質，增加植物蛋白攝取。

3 每餐可進食 1、2 種質地較軟的蔬菜，如大蕃茄、絲瓜、葉菜類的嫩葉等，一起煮，確保每日進食三份蔬菜，約半斤。

4 每天應攝取兩份水果，如香蕉、西瓜、水蜜桃、木瓜等，增加維生素及纖維素攝取。

5 未加工的穀類（糙米、胚芽等）及堅果可和白米一起煮，以補充維生素 B 群。油脂以植物油為主，避免肥肉、動物油脂（豬油、牛油）。

6 控制鹽分攝取，少用醬油，口味宜清淡，避免吃醃製品食物，減少鹽分攝取。

7 少吃辛辣及油炸食物，避免出現口乾舌躁、火氣大、睡不好等症狀。

8 白天多補充水分，每天至少 2500 毫升，防止便祕，保持身體正常代謝。

9 晚飯後避免喝濃茶、濃咖啡，睡前喝一杯熱牛奶，容易入睡，保護良好的睡眠品質。

　　遵循上面這些健康飲食原則，不但可以提高身體的免疫力，預防慢性疾病，便能夠享受更健康、更豐富的生活。

　　此外，對高齡者來説，營養攝取是否均衡更是至關重要。

1. **高齡者普遍缺鈣和鎂：**建議多吃蔬果和小魚乾，這些食物都含有豐富的鈣和鎂。另外，也可以選擇以芝麻、黑豆混製成糊狀食物作為點心攝取，增加這些礦物質的攝取量。

2. **預防老年性貧血：**高齡者需要補充足夠的蛋白質和鐵質，建議可以食用較滋補的高湯燉品，並添加雞肉、菇類、紅棗、白木耳等優質蛋白質食物。也可在中醫師的建議下，也可以添加當歸、冬蟲夏草、人蔘等天然草本藥材，增加食物風味及補氣滋養身心。

3. **增進高齡者的纖維質攝取：**建議將含纖維的青菜、水果切小塊或丁，慢慢進食，並搭配水分交互進食，這樣可以幫助口中的食物吞入食道內，改善便祕的問題。

　　同時，增進高齡者的食慾也是很重要的。備餐時可以讓食材的色彩多樣化，並適時變換菜色，用餐環境和氣氛也很重要，但更重要的是能夠陪伴進食，用餐的氛圍一旦變得有趣，自然能激發高齡者的食慾。

除了要注意營養均衡外，對高齡者的照顧，還有一件同等重要的事，就是運動，大致來說，運動對高齡者有以下七大好處：

1. 改善體適能、肌肉的力量與柔韌性：

隨著年齡增長，肌肉和關節可能變得較為衰弱和僵硬，然而，透過定期參與運動，高齡者可以改善體適能，增加肌肉的力量和柔韌性。力量訓練可以增加肌肉質量，有助於支持骨骼，同時增強關節的穩定性；柔軟性運動則有助於增加關節的活動範圍，減少僵硬感，讓身體更靈活自如。

2. 改善行動能力，降低行動障礙開始的年齡：

隨著年齡增長，高齡者的行動能力可能會下降，然而，運動可以幫助保持和提升行動能力。透過有氧運動，如散步、游泳或騎自行車，高齡者可以增強心肺功能，改善整體體力，延緩行動障礙的出現年齡。

3. 提升行動障礙者恢復行動能力的機會：

運動不僅適用於健康的高齡者，對行動障礙者也同樣有益。透過康復性運動，行動障礙者可以逐漸增加肌肉力量和協調性，提高生活自理能力，重返獨立生活。適當的康復計畫可以提供他們重建信心和改善生活品質的機會。

4. 降低高齡者的健康風險：

運動對於降低多種健康風險有著積極的影響，包括心血管疾病、栓塞性腦中風、高血壓、第二型糖尿病、骨質疏鬆、肥胖症、大腸癌、

乳癌、焦慮、憂鬱和認知能力衰退等。這些疾病是高齡者常見的健康問題，運動成為預防與改善這些疾病的有效手段。定期運動有助於控制體重，降低膽固醇和血壓，增強心血管功能，同時提升免疫力和心理健康。

5. 降低跌倒與跌倒相關傷害的風險：

跌倒是對高齡者健康造成重大威脅的因素之一。然而，運動可以降低跌倒的風險。透過增強肌肉力量和平衡感，長者在面對突發狀況時，能更穩健地控制身體，減少跌倒的可能性。平衡性運動，如瑜伽和太極，特別有助於提高平衡和穩定性。

6. 降低身體功能障礙的發生機會與嚴重程度：

運動有助於減少身體功能障礙的發生機會和嚴重程度。保持身體活動，避免長時間的久坐，有助於減緩肌肉萎縮和關節僵硬。透過運動，高齡者可以保持獨立性和日常生活的自主性，減少對他人協助的依賴。

7. 改善以下慢性病況：

許多高齡者可能面臨情緒障礙、慢性疼痛、心臟無力、腦中風、便祕和睡眠障礙等慢性病況。運動可以改善這些慢性病，釋放身體內的快樂激素，能夠改善情緒和睡眠品質，同時減輕慢性疼痛和心臟負擔。

高齡者在進行運動時還應注意以下事項，以確保安全和效果：

運動前須充分熱身，運動後必須做緩和運動，避免在極端的氣溫下運動；避免短時間速度過快的運動；避免過度用力的動作，如過分屈曲膝蓋或轉動頭頸部；宜結伴運動，避免單獨在不安全的環境運動；

避免飽餐後或飢餓時運動。遵循這些注意事項，高齡者可以享受安全且有效的運動，促進身心健康，提高生活品質。

若為失能者，床上運動更是維持關節肌肉活動度和降低攣縮的重要方式。這些病人由於無法自行移動肢體，容易造成肌肉和關節的僵硬，影響康復和生活品質。**對於中風、外傷性腦傷、脊髓損傷、四肢癱瘓及長期臥床的病人，每日協助病人執行最少 2 至 3 次床上運動是非常必要的。**

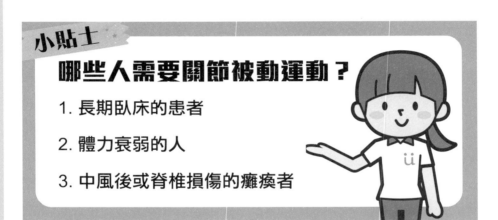

床上運動的主要目的是保持肢體的靈活性和活動度。簡單而輕柔的關節活動能夠避免肌肉和關節的僵硬，並有助於改善身體功能。這些運動可以包括旋轉手腕、伸展手指、抬腳和轉動腳踝等動作，讓身體的各個部位得到適度的活動，維持肌肉彈性和關節靈活。

此外，床上運動也有助於降低肌肉攣縮的風險。長期臥床容易導致肌肉緊繃，而攣縮可能會對身體帶來更多的不適。通過床上運動，可以促進血液循環，減少肌肉僵硬，減緩或避免攣縮的發生。

　　床上運動對於失能者來說是一種有效且安全的選擇，但在執行運動時應由專業醫護人員或理學治療師指導，確保動作正確且適合病人的身體狀況。每天進行 2 至 3 次床上運動，有助於改善生活品質，減輕症狀，並促進身體的康復。對於失能者而言，床上運動不僅是一種身體鍛煉，更是提高對康復的信心和動力的重要方式。因此，進行床上運動是維持失能者健康的關鍵。

　　良好的飲食與運動，是高齡者健康照護中極為重要的兩大要素。營養豐富的飲食有助於確保高齡者有良好的營養狀態，這對於保持健康和身體功能至關重要。適當攝取各種營養素，如蛋白質、脂肪、碳水化合物、維生素和礦物質，能夠提供身體所需的能量和營養，支持免疫系統、維持肌肉質量和骨密度，並降低患疾病的風險。

　　再加上規律的運動習慣，有助於改善體適能、增加心肺功能，促進血液循環，減少心血管疾病和糖尿病等慢性病的風險。此外，適度的運動還有助於提升心理健康，減輕焦慮和憂鬱，增加社交活動和生活樂趣。高齡者經常參與體適能活動，也較有可能獲得健康老化或活躍老化的機會，享有更好的健康狀態和生活品質。

　　因此，應重視高齡者的飲食和運動習慣，鼓勵他們保持均衡飲食和適量運動。此外，家人和照護者也扮演著關鍵角色，協助高齡者建立健康的生活方式。透過持續關注飲食和運動，便能夠幫助高齡者延長生命品質時間，擁有更豐盛、健康且充實的生活！

第 6 章

有愛扛得住

STORY 17

家有兩老，如有兩寶？需要照顧，人到哪找？

　　林公公、林婆婆年近九旬，是家族中的大長輩。雖然林家人丁興旺，但大部分的晚輩都已經在其他城鎮定居，林公公和林婆婆對他們的家鄉有著深厚的感情，一直堅持留在老家，不願意搬到子女所在的城市讓他們就近照顧，家裡就只剩下一位外籍看護照顧他們兩位老人家。

　　林公公、林婆婆曾經是家族的支柱，照顧著子女、孫輩，而如今，輪到他們需要依賴外界的支持和照護。由於健康狀況的下滑，他們失去了許多生活上的獨立和自主權，無法再像年輕時那樣隨心所欲。他們需要時刻關注自己的健康狀況，遵循醫生的建議和藥物治療，並定期接受各種醫學檢查。

　　不僅如此，高齡生活也給兩老帶來了孤獨感。由於子女大多居住在遠方，照顧他們的負擔落在了外籍看護的肩上。雖然看護總是盡力照顧公公婆婆，但與子女、孫輩相比，外籍看護無法提供同樣的情感及家庭聯繫，尤其是每逢節慶和過年，子孫們都會回家與他們團聚，讓家中充滿熱鬧和歡笑，可節慶一過，兒女子孫們各自散去，家中就變得冷清寂寞，這樣的孤獨感更可能加劇他們的心理壓力和抑鬱情緒。

　　然而，隨著林公公年紀的增長和心血管疾病的加劇，子女總是擔

心兩老的安危。媳婦子亭（化名）曾詢問丈夫能否試著向家族中的其他人尋求幫助，看看是否有人能回來照顧公公、婆婆。丈夫有些為難地回答說：「除了我們，平常還有誰會回去呢？」

要求其他人回去照顧兩老確實是一項困難的問題，大家都有自己的事業和家庭要照顧，而子亭和丈夫也都在公家機關工作，很難抽出時間回去照顧，還有一個很現實的原因是「家產早已分配完畢」。但子亭不願看到公婆身邊無人照料，所以夫妻商量一番後，才決定聘請一位外籍看護來照顧林公公和林婆婆。

儘管有了外籍看護，子亭的一顆心仍然懸著，每次回家，子亭也都會仔細觀察看護的工作態度，也會詢問公公和婆婆與外籍看護之間的相處是否融洽？外籍看護的工作態度是否用心？幸運的是，照顧公公、婆婆的外籍看護阿娣非常盡責，對待兩位長輩非常細心，照顧的兩年多來沒有發生任何差錯，讓子亭感到很慶幸。

然而，好景不常。林婆婆前兩個月因為肺炎住院，雖然經過治療後已經出院，但仍需要在家中臥床療養。長時間的臥床使得林婆婆的健康狀況讓人更加擔憂，原本性情溫和的她甚至開始會責罵外籍看護，這不僅加重了外籍看護的工作壓力，同時也讓子亭開始擔心婆婆是否有失智的前兆。

兩老的健康狀況不佳也間接影響子亭和丈夫的工作狀態。為了讓婆婆和公公得到更好的照顧，子亭開始查找國內的居家照護預約平台，想請專業的照服員來家中幫忙。由於婆婆的狀況比較嚴重，子亭打算將照護婆婆的工作交由專業照服員負責，外籍看護則專心照顧公公。

一開始，子亭只預約了白天的時間，而從照服員介入後，婆婆的情況明顯好轉，連發脾氣罵人的頻率也大幅的降低，可是，到了晚上，並不具備專業照護能力的外籍看護還是明顯的吃不消。

　　子亭的丈夫和兄姊討論後，要求家族成員在無法親自照顧的情況下，至少要幫忙負擔請人照顧的費用。有了經濟支持後，他們又再預約了一位照護人員，分成早上 8 點與晚上 10 點兩個班次來照顧林家兩老。

　　讓子亭感到最意外的是，即使白天和晚上由兩位不同的照服員來照顧，也不曾出現任何照顧上的問題，一段時間以後，子亭也漸漸的感到非常放心，當然，其他的家人也對子亭夫妻倆做的決定十分支持。

　　子亭和丈夫開玩笑地說，每個家庭都會出錢，沒有人逃避責任，這樣照人數分攤照顧費用的好處也非常明顯。長輩們到了一定年紀，得面臨種種身體和心理上的挑戰，例如慢性病、運動能力下降、記憶力衰退等。日常生活也變得愈來愈需依賴他人的幫助，這對長輩們來說是一個巨大的改變和挑戰，當然，子亭和丈夫也深刻理解照顧父母的難處，選擇請專業人員來幫忙提升照護品質，這也不失為是「新孝道」的體現！

STORY 18

對媽媽的關心，透過她傳遞

　　兩年前，子茹（化名）在帶母親許媽媽從醫院回家的路上，她紅著眼眶、不敢直視母親，生怕她的淚水會使母親更加難受。其實好幾年前，許媽媽就出現了手抖的症狀，但當時子茹只以為是母親年紀大了，身體多少會有些小問題，並沒有太在意，沒想到情況愈來愈嚴重，等子茹意識到不太對，帶母親去醫院檢查時，卻已經診斷出罹患了帕金森氏症。

　　許爸爸比許媽媽年長十歲，身體狀況也是小病小痛不斷。子茹是獨生女，一個人在大城市打拚，努力了好些年，好不容易才站穩了腳步，也建立了自己的家庭，沒想到許媽媽的病情像突來的風雨，讓許家一夕之間陷入愁雲慘霧。

　　子茹查詢了資料，帕金森氏症的病程分為五期，依序為單側肢體症狀、雙側肢體症狀、平衡障礙、行動困難，最後為輪椅或臥床。第一期通常會出現眼神呆滯，同側的手腳逐漸變得不靈活，輕度而不自覺地單邊顫抖。根據許媽媽目前的情況，即使她沒在活動的時候手也會抖，動作遲緩、僵硬以及平衡感變差，這已經是第二期進入至第三期的中間階段了。最重要的是，醫師說帕金森氏症在目前的醫療來說是不可逆的，只能盡力延緩惡化的速度，很難恢復到正常狀態。

　　雖然許媽媽現在行動上還不需要全天候的協助，但子茹人在外地，許爸爸年事已高，兩個人都無法給許媽媽最好的照顧，雖然子茹盡可能在每天下班後，開兩個小時的車趕回娘家替兩老準備三餐、替媽

媽洗澡、刷牙……待兩老休息後，她再開兩個小時的車回自己的家。

對子茹來說，侍奉父母是天職，但這樣的生活仍使她備感疲憊，且爸爸和媽媽也沒辦法餐餐吃到熱食，更遑論子茹在上班、在路上時的這段空窗期，萬一媽媽發生什麼意外，她也擔心自己趕不及。

子茹也考慮過是否要辭去工作全心照顧父母，但她也知道，作為已婚女性一旦脫離職場，想要重返的困難度相當高。她將困擾傾訴給友人，友人向她分享了請外籍看護的心得。然而上網搜尋巴氏量表後，她發現媽媽目前的情況仍未達到申請外籍看護的標準，然而若要請本國籍看護，其單月費用也幾乎和子茹的月薪相同。

許爸爸許媽媽也知道子茹的難處，總是寬慰她兩老的生活還過得去，偶爾請鄰居來幫忙換燈泡、丟垃圾即可。子茹深知父母捨不得她花錢請人，希望她把錢用在自己的家庭上，但每次回娘家，看見動作僵硬的母親和佝僂的父親，她依舊難忍淚水。

斷斷續續地拖了兩個月，這段時間子茹也沒放棄再找是否有其他的管道，終於她在網路上搜尋到有提供短期居家照護服務的預約平台。在預約平台上照服員的介紹中，子茹看見玉清姐（化名）的個人簡介內強調自己對於照顧失智症和帕金森氏症患者有豐富經驗，於是預約請她週一來爸媽家服務看看。

剛開始個性羞澀的許媽媽對於要找外人來照顧自己上廁所、吃飯這件事相當抗拒，幸好在網路平台上玉清姐有提供個人介紹和照片，子茹讓母親確認照服員是位有經驗又溫柔的女性後，許媽媽才安心下來。

星期一早上，子茹從夫家趕回娘家時，玉清姐已經到達。玉清姐相當沉著，說話聲音和緩，不急不徐地和子茹再度確認照護細節後，便走去臥室協助許媽媽起床。許媽媽目前還有部分自主行動的能力，所以對於他人的協助相當敏感，過度關照反而會引起她的不適。玉清

姐細心地意識到情況後，便只是時刻注意著許媽媽的情況，只協助許媽媽完成她無法自主完成的行為，例如擠牙膏、刷牙等。

在許爸爸、許媽媽盥洗結束後，玉清姐加熱好來時買的早餐讓兩老用餐。早餐內容會先和子茹討論好，或是加熱家裡本來就有準備的餐點。用餐後，每天早上十點要提醒許媽媽服藥，監督完許媽媽吃藥後，再協助她回臥室小睡。趁許媽媽小睡時，玉清姐會簡單整理一下房間、將衣物丟進洗衣機，並準備午餐等許媽媽中午醒來後用餐。

由於帕金森氏症會造成許多行動上的困擾，許媽媽也時常感受到疼痛及困倦，以前和子茹通電話時，她總是說自己肩頸痛、頭痛、腰痛，偶爾甚至有抽筋的疼痛感，子茹總以為是母親家務勞累，現在才知道是帕金森氏症肌肉僵直的症狀。玉清姐服務帕金森氏患者的經驗豐富，動作總是熟練而輕柔，時不時還會和許媽媽聊天，分散她的注意力以減輕身體不適。

「看玉清的手就知道，她是個有耐心又溫柔的人。」玉清姐走後，許媽媽和子茹閒聊到。

除了對許媽媽的照護之外，玉清姐也相當關心子茹的狀況。知道子茹總是掛心著父母，所以每次見到子茹時都會仔細地向她告知許媽媽和家裡的情況，讓子茹放心。

生病之後，許媽媽很少和外人交流，一開始得知有外人要來照顧她時，許媽媽相當不安，但玉清姐的經驗豐富，知道如何在注重長輩自立性的同時提供適當的服務。如果是許媽媽能獨自執行的生活活動，例如穿衣、進食等，玉清姐便會鼓勵許媽媽完成，不僅讓許媽媽維持自己的正常身體活動，更增加她的自信心。

在洗澡時，玉清姐也會用溫熱水配合按摩來幫許媽媽放鬆肌肉、緩解肌肉僵硬的情形。剛開始許媽媽有些不適應，但玉清姐時不時和

許媽媽閒話家常，慢慢地，許媽媽對玉清姐的信任逐漸增加。

目前許媽媽的情況適應得相當不錯，身體狀況穩定、精神狀況也逐漸好轉，子茹預約每週的一、三、五上午請玉清姐來家裡照顧許媽媽。雖然一週只有三個上午，但這樣的服務不僅能成為許媽媽對抗病魔時的支柱，更剛好能符合子茹的經濟能力。

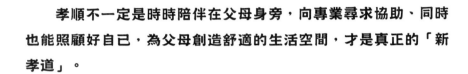

孝順不一定是時時陪伴在父母身旁，向專業尋求協助、同時也能照顧好自己，為父母創造舒適的生活空間，才是真正的「新孝道」。

照顧你，是我不變的愛

　　清晨六點，趙家門口傳來一陣聲響。趙奶奶正溫柔地和趙爺爺閒聊著，手上的動作卻略顯吃力。她推開大門，先顫顫巍巍地將坐在輪椅上的趙爺爺推至走廊，再回家拿好錢包及隨身物品。此時天剛亮，天氣微涼、陽光正好，適合兩人出門走走、曬曬太陽。

　　趙爺爺的身體不太好，趙奶奶貼心地替老伴披上外套，兩人有一搭沒一搭地聊著，趙奶奶推著輪椅慢慢走到巷口。巷口的豆漿店經營已有四十年，是爺爺奶奶半輩子熟悉的滋味。在老闆娘親切的招呼下，慣例買了豆漿和饅頭夾蛋，沿著街道散步十幾分鐘後，兩人回到家一塊享用簡單的早餐。

　　趙爺爺今年已經八十八歲，病魔纏身十年，瘦到體重只剩三十五公斤。由於趙爺爺近乎失去行為能力，平時不是躺著就是坐著，出門也只能靠輪椅行動。趙奶奶雖然也已經八十多歲，但仍一肩扛起照顧丈夫的責任，用她瘦弱的身軀操持家中的一切，做飯洗衣、替趙爺爺換尿布、餵湯藥，從不假手他人，連子女回來時也是如此。

　　趙家有三位子女，都在同個城市發展事業，對父母十分孝順，時常回老家探望雙親。每次回家，看見趙奶奶緩慢地熱飯，彎著腰擺碗筷，再回房間將趙爺爺推至飯桌，好不容易開飯，看著趙奶奶坐在桌旁捶著肩膀，累到筷子都快舉不起來，子女們都十分心疼。

　　「媽，我們現在事業也發展起來了，幫爸請個人來家裡幫忙吧，好嗎？」大女兒皺著眉頭說。

「你爸年紀這麼大了，身體又不好，但想做什麼、要什麼，一個眼神我就知道了，換成別人會清楚嗎？到了我跟你爸這把年紀，什麼都不在意，就是希望家人能在旁邊，其他人再怎麼好，也抵不過自家人。」趙奶奶回道。

兩老結為連理超過六十載，年輕時互相扶持，一同度過戰時艱困的生活，局勢穩定後，也是因為有了趙奶奶在家裡幫忙大小事務，趙爺爺的事業才一帆風順。夫妻同甘共苦，養育了三名子女，感情十分美滿，是街坊鄰居眼中的完美幸福家庭。

在子女成家立業，事業也交接完畢後，趙爺爺趙奶奶度過了一段十分愜意的退休生活。夫妻二人各自找到了愛好，一人畫畫、一人拈花惹草，將家裡打點得溫馨又舒適。

即使時光飛逝，趙奶奶也逐漸意識到，丈夫好轉的機會渺茫，如今的她只希望能陪著趙爺爺愈久愈好，不錯過和丈夫相處的時間，而親力親為，不把照護的責任交由他人，也是她表達愛的方式。

然而，隨著趙奶奶年歲漸長，照顧趙爺爺也變得力不從心。一次子女又回家探望父母時，看見趙奶奶因為手部肌肉無力，不小心打碎了裝著熱湯的碗，子女才真正下定決心，說服趙奶奶答應孩子們找外人「幫點小忙」的建議。

在網路上，大女兒看到有提供居家照顧服務的第三方預約平台，並在平台上看見照服員靜芬（化名）的履歷。靜芬照護長輩的經歷十分資深，自我介紹中也著重提到自己擅於溝通，能盡量配合雇主的需求。大女兒和靜芬溝通許久，靜芬明白自己除了照顧趙爺爺外，最重要的便是維護趙奶奶「照顧老伴的心情」。

星期一的清晨，趙家的門鈴叮叮噹噹地響起，是靜芬帶著早餐抵達趙家。靜芬十分清楚，自己要扮演的只是「配角」，所以大部分輕便

簡單的事，例如收信、擦桌子，她都讓趙奶奶自己完成，只是待在一旁看著，保證兩老的安全，即使是較為費力的任務，靜芬也會想辦法讓趙奶奶參與。在趙爺爺固定回診的日子，兩夫妻需要到幾公里外的醫院就診，靜芬會注意讓趙奶奶也一起推輪椅，自己則負責背重物；去市場買菜時，靜芬也只在旁提著菜籃子；偶爾趙爺爺需要行走時，也一定是靜芬和趙奶奶合力，一人攙扶一邊。

居家照護不只照顧身體，更照顧長輩的心。長輩因為生活和社交圈縮減，時常導致性格變得敏感、自尊更容易受損。靜芬從事照護行業多年，深知長輩的心思細膩，面對趙家的情況，她也十分明白該用什麼樣的方法處理。

就這樣，靜芬在趙家服務了兩個月，看著靜芬對趙爺爺專業的照顧，趙奶奶明白，如果想要讓趙爺爺有更好的生活品質，就必須尋求專業的協助。透過兩個月的觀察，趙奶奶也知道靜芬相當用心，於是慢慢地放手讓她協助家裡更多事務。

以前，即使夫妻感情深厚，但照護的辛苦不免磨滅耐心，兩老時不時會在一些枝微末節的小事上，起短暫的口角衝突，不過當趙奶奶放心將大多數任務都交給靜芬後，趙奶奶也終於能將時間、心力都放在與趙爺爺聊天、說笑。最近，趙奶奶重拾養花的愛好，子女在回家探望時也不禁讚嘆，趙家好像回到了十五年前的溫馨時光。

在台灣的傳統價值觀中，家中成員生病時，首選的照顧方式便是家人隨侍身旁。但也因為這樣的道德枷鎖，台灣社會中「老老照顧」的情形層出不窮。在這樣的情況下，除了被照顧者的安全不能受到妥善的保護，照顧者也可能因為勞累而產生體力、記憶力衰退的情況。如果能有一雙手，協助長輩的生活，促進長輩的身心健康、社會參與，變更能讓長輩享有快樂、安穩、有尊嚴的老年生活。

STORY 20

原來爸媽真的老了！
疫情讓我看見父母的需要

分身有術的新孝道

「疫情雖然改變了我的工作與生活，但也讓我更貼近父母。」想到這段時間照顧爸爸的點點滴滴，曼青（化名）忍不住感嘆。

何爸爸和何媽媽有三個孩子，曼青排行第二，家中還有一位定居國外的哥哥和嫁到南部的妹妹。四十多歲的曼青結婚多年，與先生育有三個孩子，平日在新竹一間公司任職會計，下班跟放假的時間就在家陪伴先生與三個孩子，日子過得既充實又忙碌。

曼青與爸媽的關係親暱，由於哥哥與妹妹沒辦法時常探望兩老，因此曼青每個月都會返回位於淡水的老家，關心獨自居住的爸媽。雖然何爸爸、何媽媽已將近八十歲了，免不了有一些慢性疾病需要定期回診，但兩老行動正常、可以彼此照顧，曼青也就不為父母的生活感到擔憂，也很放心。

直到今年六月初，曼青突然接到媽媽的電話，說爸爸住院了，這才知道爸爸的身體狀況早就出現問題。

從年初開始，何爸爸就常常咳嗽或是感到呼吸不順，嚴重時甚至會睡不好覺，拖了很久，才被何媽媽半強迫地帶去醫院檢查，發現何爸爸的肺部出現問題，因何爸爸年事已高，加上出現肺積水的症狀，因此被醫生要求住院治療。本來何爸爸還不想通知女兒，但因為何媽媽一個人實在沒辦法長時間住院陪病，只好打電話向曼青求助。

114

但適逢新冠肺炎疫情警戒升至第三級，病患家屬、照顧人員出入醫院遵守嚴格的規範與限制，都須完成 PCR 篩檢才能入院陪病，因此曼青只能趕緊向身邊的親友打聽適合的住院看護人選。在朋友的推薦之下，曼青上網查詢有提供短期照護服務的預約平台，並預約了一位評價不錯的照服員，在住院期間至醫院 24 小時照顧爸爸。

照服員在到達醫院前，先和曼青進行了詳細的溝通，了解何爸爸的病情和需要特別注意的事項，才開始她的工作。由於何爸爸的身體虛弱，需要較長時間的照護，照服員每天為他擦洗身體、更換衣服和床單，並定時幫他翻身。此外，照服員還為何爸爸按摩，幫他舒緩身體不適的症狀，讓他能夠更好地休息和恢復。

除了身體護理，照服員也特別注意何爸爸的飲食狀況，她定時為何爸爸準備營養豐富的食物，根據醫生的建議為他調配飲食，確保他的營養攝入均衡且足夠。為了避免對疾病產生負面情緒，照服員還和曼青溝通了何爸爸的飲食習慣和喜好，準備了他喜歡的食物，讓何爸爸能夠保持愉悅的心情。

住院期間的照護過程中，照服員不斷關注何爸爸的身體狀況和心理狀態。她和曼青也保持著良好的溝通交流，即時反饋爸爸的狀況和需要注意的事項。她也會時常與何爸爸進行溝通，關心他的感受和需求，讓他感到被重視和關愛，以促進康復。

一個月後何爸爸的身體狀況逐漸穩定，病情也有所好轉。曼青十分感謝照服員的照護，她在照護過程中表現出細心、耐心與專業，這都讓曼青感到非常安心，不僅何爸爸得到了很好的照顧，同時也減輕了自己許多壓力和負擔。

何爸爸出院時，曼青的公司也因為疫情讓全體員工轉為居家上班，曼青決定這段時間搬回老家協助媽媽一起照顧爸爸。以前印象中

身體健朗、生活規律的爸爸，在不知不覺中變成洗澡、起床、走路都需要他人協助，而以往動作俐落、總是為兒女操心的媽媽也已經白髮蒼蒼、精神與體力更是明顯地不如從前，尤其是出門買菜時花費的時間變長、不太能提重物。曼青這時才真正地感覺到「爸媽老了」，自己也從被照顧的孩子變成了照顧爸媽的角色。因此在居家上班期間，曼青總是親力親為地照顧爸爸，也盡可能地分擔家務，讓媽媽可以多多休息。

然而九月份開始，曼青的公司恢復正常上班，經過這段時間的同住，曼青反而更不放心讓媽媽獨自照顧爸爸，尤其是較需要體力的洗澡、上下床和走路攙扶、陪同回診等等，因此，曼青覺得需要找人來協助分擔媽媽的照顧重擔。

她想起之前爸爸住院時預約的照護服務，便再次利用網路預約平台找到可以固定時間配合的照服員，每週兩次到家中協助何爸爸洗澡、梳洗、更換衣服等，確保他保持良好的個人衛生狀態。同時，照服員也會幫忙打掃房間、拖地、清潔衛生間等簡單家務，確保家中的環境整潔衛生，避免滋生細菌和病毒。

此外，天氣良好時，照服員也會陪同何爸爸到社區中庭散步，讓他可以呼吸新鮮空氣、增加運動量以促進血液循環。並且，照服員會陪伴何爸爸回診，協助他完成診療流程，確保他有按時服藥和定期進行健康檢查。每當照服員到家中服務時，何媽媽就不用時時注意何爸爸的需求，能夠放心地好好休息。

曼青打電話回家關心時，可以感覺到媽媽的照顧重擔明顯輕了不少，而爸爸也說自己的狀況愈來愈好，身為女兒的曼青終於可以安心地繼續在工作崗位上努力了。

STORY 21

隔海盡孝，我少不了它

老媽跌這一跤，如果沒有許小姐，俊彥（化名）差點得辭職回台。

來崑山已經快一年了，當初公司宣布調派時，俊彥的妻子玉華（化名）好幾天不跟俊彥講話，連俊彥的妹妹芷婷（化名）也一直說：「爸媽年紀這麼大了，你還跑這麼遠賺錢，難道不能跟老闆求情嗎？」這讓俊彥很為難，他能理解大家擔憂的點，但如果拒絕調派，別說升遷無望，恐怕連飯碗也難保。

現在，兩、三個月才能回台灣一次，俊彥平常只能靠視訊跟玉華和女兒聊天，雖然難忍失落感，但想到工作能夠給他們更好的生活也就釋懷了。

最讓俊彥擔憂的是沒辦法經常探望住在新竹的爸媽。罹患帕金森氏症的爸爸這幾年愈加嚴重，發病時連筆跟筷子都沒辦法拿起來，現在全靠媽媽一個人在家照料，雖然生活還過得去沒有大礙，但一想到芷婷說：「爸媽很久沒有看到你，真的少了好多笑容。」俊彥仍然十分的心痛。

「你媽跌倒了。」上星期上班時，俊彥接到玉華傳來的訊息，這五個字讓俊彥有如青天霹靂，他趕緊找了個藉口離開辦公室，在公司的走廊上俊彥焦急地打電話回家詢問狀況。

原來，媽媽下樓梯時沒踩穩從樓梯跌了下來，雖然高度不高，但因為年紀大了還是有輕微骨折，醫師說不需要住院，只是回家後這兩、三個月盡量不要移動，否則很容易影響到骨頭的恢復狀況。

雖然聽起來不算嚴重，媽媽在電話中也一直要俊彥別擔心，但俊彥很清楚，媽媽現在受傷，就算能勉強行動，但日常生活瑣事及照顧的重擔一定是落在爸爸的身上，玉華人在台北，芷婷雖然同住新竹，但每天需要上學也不方便照顧，在商量之後決定這段時間可能得找個看護，且一定要是新竹當地的看護來幫忙，讓媽媽好好休養復原。俊彥把想法和玉華說時，玉華把前一陣子在逛展覽時，看到有提供居家照護的網路預約平台的事告訴俊彥，讓俊彥先試著連絡看看。

俊彥在網路上搜尋「短期居家照護」，果然有查到相關結果。網路平台上能夠設定時間地點等條件，篩選一些照服人員，而每一個照服人員歷來的評價、擅長的專業技能以及專業知識也能透過平台清楚了解，這讓俊彥能更加直觀的進行選擇，最終他選擇預約評價與經歷皆不錯的許小姐。

在平台上，俊彥先利用傳訊功能跟她確認照料爸爸的細節：「麻煩你協助爸爸起床、換尿布、穿衣、餵早餐、刷牙、如廁、餵午餐、沐浴、上床午睡。」許小姐很快就回覆：「沒問題。」並且後續許小姐也很積極的與俊彥對話，跟俊彥確認爸爸的其他習慣。

第二天一早，許小姐在平台上通知俊彥她到家裡了，媽媽也從電話告訴俊彥，對方不僅很和善，在照顧這一方面也很專業，一天下來許小姐妥善的照顧與親切的態度讓俊彥爸媽非常喜歡。許小姐結束工作後，還會特別建議：要在家中多安裝一些扶手與防滑防撞裝置，讓爸爸在家行動的時候能更加自在，並且爸爸在午飯前沐浴，對他午睡的安眠更有幫助。

雖然，沒辦法即時回台探視爸媽，但俊彥反而不再像當初事發時那麼擔心了，對俊彥來說，「科技不只來自人性，更要實現人性」，這才是最重要的。

基本生活照顧的輔具應用

　　根據調查，我國已於 1993 年成為高齡化社會，2018 年轉為高齡社會，推估將於 2025 年邁入超高齡社會。老年人口占總人口比率將持續提高，預估於 2039 年突破 30%，至 2070 年將達 43.6%，輔具的使用率相對而言也就逐漸上升。

　　首先來了解輔具是什麼？輔助科技器具，又稱「輔具」，是指任何能夠協助人們進行日常生活活動的產品、零件、儀器或設施。這些輔具可以是現成的商品，也可能是經過個人化特殊設計或改造的物品。廣義的輔具範疇包含眼鏡、筷子等，幫助人們更輕鬆地執行各種活動。

　　值得注意的是，輔具的使用並不僅限於嚴重失能者或功能上有障礙者，高齡者也是輔具的受惠者之一。隨著高齡者在社會中的比例不斷增加，輔具將成為受到關注的主流產業。這些輔具有助於提升高齡者的生活品質，讓他們能夠更輕鬆自在地處理日常事務。

　　未來的社會將更多地重視高齡者的需求，並尋求更多創新的輔具產品或日用品，以滿足他們的需求。輔具產業也將成為另一個新藍海，為高齡者提供更多的便利和舒適。這些輔助科技器具的發展將促進社會更加關愛和尊重高齡者，並讓他們享受到更好的生活。

　　接著將來探討使用輔具的迷思，老一輩的人可能會有刻板印象，覺得「使用輔具就會像殘障人士」、「我又不是病人，為什麼要用這些輔具」、「我用了輔具別人會不會用奇怪的眼光看我」、「用輔具很麻煩又浪費錢，用別的東西代替就好（例：雨傘代替拐杖）」。遇

到上述狀況該如何有效地去破解迷思及讓長輩接受呢？透過實際使用輔具可以破解迷思，在使用輔具的過程中長輩將認識到使用輔具的好處與價值，以及如何透過輔具重獲生活的掌控感。

首先，**使用輔具有助於提高生活的安全性**。隨著年齡增長，身體機能可能會有所退化，輔具的運用可以避免高齡者跌倒或受傷。拐杖、行動器具等輔具，能提供穩定的支撐，讓高齡者更加安心地進行日常活動，減少不必要的風險。

其次，**輔具能夠增加生活的效率**。許多輔具設計精巧，為日常生活帶來便利。例如，開罐器、長柄拖把等輔具，讓高齡者能夠輕鬆應對家務事，節省時間和體力，讓他們仍然能夠自如地完成喜愛的事情。

更重要的是，使用輔具有助於增進獨立感。高齡者也擁有獨立自主的權利，使用輔具並不等同於依賴他人，而是為了保持自我照顧的能力。透過輔具，高齡者仍能自行處理日常生活，享受獨立自主的快樂與自信。

輔具讓高齡者重獲生活的掌控感，他們依然是獨立自主的個體，擁有自主選擇的權利。透過使用輔具，高齡者仍然能夠做到許多以前喜愛做或常做的事情，生活變得更加豐富有趣。因此，應該多向高齡者宣揚輔具的好處，以幫助他們破解迷思、接受輔具的幫助，讓他們享受到更健康、更獨立、更充實的生活。讓輔具成為高齡者的得力助手，使他們能更加自信地面對生活的每一天。

接下來要認識輔具有哪些？**輔具可以分為六大類，包括移動輔具、日常生活輔具、住家無障礙環境改造、溝通與資訊輔具、醫學輔具以及其他休閒、運動、居家照顧等輔具**。這些輔具提供了各種功能，使高齡者能夠更加安全、便捷、舒適地過日常生活。

第一大類，**移動輔具是讓行動不便的高齡者更容易自如地移動的**

工具。拐杖、助行器、輪椅等輔具，提供了額外的支撐和平衡，幫助高齡者穩步前進，減少跌倒的風險，同時也增加了他們的獨立性和自信心。

第二大類，**日常生活輔具是為了提升高齡者日常生活的便利性。** 這些輔具包括開罐器、長柄拖把、握把增大器等，幫助高齡者處理家務事更輕鬆，省時省力，使他們能夠維持自我照顧的能力，享受獨立自主的生活。

第三大類，**住家無障礙環境改造是為了讓高齡者的居住環境更加安全和舒適。** 這包括安裝扶手、滑軌門、浴室安全設施等，讓高齡者在家中不易滑倒、不受限制地進行活動，保持居家的便利和舒適。

第四大類，溝通與資訊輔具讓長輩能更容易與家人和社會保持聯繫。智能手機、平板電腦、老人手機等輔具，使高齡者能夠輕鬆使用現代科技，獲取資訊、與親友通話，減少因資訊缺乏而產生的孤獨感。

第五大類，**醫學輔具是提供高齡者醫療上的支援，例如聽力輔具、視力輔具、糖尿病檢測器等。** 這些輔具讓高齡者更容易掌握自己的健康狀況，接受適時的醫療治療，保持健康與舒適。

第六大類，**其他休閒、運動、居家照顧等輔具則提供了更多的便利與樂趣。** 例如，健身器材、閱讀放大器、居家照護設備等，讓長輩能夠在家中進行運動、閱讀、照顧，增加生活的樂趣與活力。

再來探討的是照顧行動不便者常見的問題「該如何正確使用輪椅？」要知道正確使用輪椅是非常重要的，以下是幾個關鍵點來確保使用輪椅的舒適和安全：

1. **坐姿要正確。** 使用輪椅時，要盡量保持坐直，背部貼著椅背。這樣有助於維持良好的姿勢，減少背部不適或疲勞的可能性。

2. **雙手應自然垂放在扶手上。** 輪椅的扶手不僅是用來支撐身體的，也可以幫助平衡和移動。確保雙手放在扶手上有助於更穩定地操作輪椅。

3. **腳踏板的高度要適合。** 腳踏板的高度可以調整，應該設置在讓臀部可以貼坐在坐墊上的位置。如果腳踏板太高，坐輪椅時可能只坐在坐骨或薦尾椎上，這樣容易產生壓瘡或不適。

4. **輪椅停下時要拉煞車。** 當輪椅不需要移動時，要隨時拉緊煞車，以確保輪椅穩固停在原地，避免不必要的意外。

5. **為了安全起見，使用輪椅時要使用骨盆帶或稱安全帶。** 這樣可以避免在移動或轉彎時不小心跌出輪椅，確保乘坐者的安全。

另外，使用輪椅時還需注意以下事項，以確保安全順暢的移動：

1. **外出時建議使用有腿帶及固定帶的輪椅，並記得煞車來穩定輪椅。** 腿帶可以防止雙腳往後掉或卡到前小輪造成危險，前輪提供方向和穩定，後輪提供動力。

2. **上坡時，照顧者要注意身體前傾以保持平衡，以維持推的速度和安全。** 應將小輪推碰到斜坡的開端，可下踩橫桿，將輪椅略微翹起，以後輪為主要支點來維持平衡。

3. **下坡時應保持著倒退下坡，失能者應面朝反方向。** 照顧者背對著下坡，適時利用腿部肌肉和重心轉移，減緩下坡的速度，較為安全。

4. **越過門檻時，踩橫桿並稍微用力把輪椅向下壓，使前輪離地後再推過。** 待小輪越過門檻後，提醒失能者可能會有點震一下，不必擔心，再輕放前輪著地，稍微提起後輪再向前推，越過門檻後再輕放著地。進門或坡道時將輪椅大輪軸心對準標的物虛

擬中心線，將輪椅轉正，如此可以減少因沒有對準方向而反覆移轉輪椅的狀況，讓通過更輕鬆。

5. **進電梯時應倒退進入，留意輪椅是否完全進入電梯。**

6. **遇到坑洞或障礙物時，**例如下水道排水孔（直排的），**小輪很容易卡住，建議以背對的方式通過。**若為圓形下水道排水孔等障礙物，很容易顛簸，造成前小輪翹起或突然停止而導致輪椅翻倒的意外，因此也建議以背對的方式，以後輪前進，通過障礙物。

遵循這些注意事項，使用輪椅時能更加順利且安全地進行活動，讓使用者和照顧者都能更放心地享受日常生活。

正確的使用輪椅可以提供乘坐者更好的舒適性和安全性。確保坐姿端正，適當地操作輪椅，並使用安全帶，有助於讓使用者能夠更加輕鬆地進行日常活動，提高生活品質。

總結來說，輔具的廣泛應用。不僅可以提高高齡者安全性和效率，增進獨立感，更能使他們在日常生活中享受更多的便利與樂趣。輔具不應被視為弱點或標誌，而是一種寶貴的資源，能夠幫助高齡者克服各種困難，重獲生活的掌控感。

然而，在推廣輔具的過程中，迷思與刻板印象可能成為阻礙。因此，需要積極破解這些迷思，讓長輩了解輔具的真正意義與價值。可以通過宣導教育，分享成功的個案故事，以及提供實際的示範和指導，來鼓勵他們使用輔具，讓他們能夠克服心理障礙，接受這些有助於他們生活的輔具。

同時，政府和社會機構也應加強對輔具的支持與推廣，提供相應的資源和補助，讓輔具更加普及和貼近高齡者的需求。建立健全的輔具服務體系，培訓專業的輔具使用者，也是重要的一環，這樣可以確

保高齡者能夠正確地使用輔具，並從中獲得最大的益處。

　　輔具是現代科技和醫療進步的結晶，對於高齡者來說，它們是寶貴的助力，能夠幫助他們克服身體上的限制，保持獨立自主的生活。透過正確的宣傳和推廣，以及社會的支持與協助，相信輔具將在未來發揮更大的作用，讓高齡者的生活更加美好、充實。透過共同努力，便能讓每一位高齡者都受惠於輔具，活出幸福、健康的晚年生活。

　　最後是選用輔具的小叮嚀，建議應該參照以下原則：**安全、適用、美觀、省能、輕量化和合理價格**。輔具是因應需要而產生，每個高齡者的失能狀況、環境和需求都不一樣，因此輔具因人而異，需要專業的評估和建議購置適合的輔具，以發揮最佳的功能，避免二度傷害。

第 7 章

記憶消失，愛與照顧仍在

STORY 22

建立信任感，失智者也能心安

　　麗玲（化名）昨天才接到王伯伯的案子，今天一早就趕到護理之家。然而，一進房間她就被一股臭味襲擊，床上滿是屎尿，這讓她不禁搖頭。更令她心痛的是，她看到王伯伯被約束帶綁在床上，一臉憤怒與無奈。麗玲覺得這樣根本不能被稱為「照顧」。

　　王伯伯是一位失智患者，住在護理之家的單人套房，一個月的費用近四萬元。然而，這裡的照顧比例約為 1 比 10，無法全天候看顧每一位客戶。因此，在無人看顧的時候，失智症患者很容易亂跑或發生意外。護理之家為了解決這個問題，常常使用約束帶來固定患者，但這也造成了嚴重的後遺症，王伯伯的四肢已經出現萎縮退化的跡象，明顯是因為長期被約束帶固定，幾乎沒有活動的關係。

　　「不綁可以，麻煩簽同意書，若有意外這裡不負責任。」院方這麼跟家屬說。

　　「被固定在床上還有一個後遺症，痰很容易積在肺部，所以常常需要拍痰。」麗玲說，王伯伯對拍痰有強烈的抗拒感，第一次為他拍痰時，他竟目露凶光像是要打人一樣，嚇得麗玲趕緊停手。後來才聽這裡的照護員說，王伯伯有攻擊性，曾發生打人的紀錄。

從他女兒王小姐那得知，為了幫父親找安身之處，她已經不知被幾家養護機構拒絕過了，就是因為王伯伯有暴力傾向。但照顧王伯伯兩個月以來，麗玲從未被碰過一下「照顧王伯伯最大的關鍵就兩個字：信任。」她這麼說，因為失智症患者的許多異常行為，常常是疑心病所導致。

麗玲堅信「攻心為上」，所以除了帶王伯伯到戶外活動，她也會按摩他的四肢，希望能夠減緩僵硬的情況。拍痰也成了一個挑戰，王伯伯對此有強烈的抗拒感，但麗玲不斷地溝通並且耐心解釋，最終讓他接受了這項照護。

信任是王伯伯接受麗玲照顧的關鍵。她堅持從「吃」下手，因為王伯伯吃得很少，身體狀況也不佳，於是，她決定從旁協助，逐步增加他的食量，給予他溫暖與關懷。她也了解到，最能讓王伯伯開心的就是陪伴小孫女玩耍，於是麗玲經常和他聊小孫女的事情，鼓勵小孫女多來探望他。快樂的回憶成了王伯伯最好的情緒安撫劑。

與失智症患者建立信任並非易事，就連家人也不例外。王伯伯的妻子王伯母照顧他時，也常會有王伯伯在上廁所時緊緊地拉著蓮蓬頭的連接管線，一不小心就把它扯斷的問題。原來，王伯伯上廁所時會感到很緊張，拉著那條管子才能有安全感。麗玲透過耐心的溝通，告訴他：「沒關係，我們慢慢來。」經過多次的安撫與開導後，王伯伯終於敢放開緊抓的手，讓管線保持完好。

麗玲認為，照顧失智症患者最需要留心的，就是他的心理狀態，尤其是失智所導致的多疑最容易出狀況。但只要建立起雙方的信任感，很多問題都能迎刃而解。麗玲以真摯的愛心和堅定的信念，成功地改善王伯伯的生活品質，讓他重新找回快樂的感覺。她不僅是一名照服員，更是一位慈愛的陪伴者，帶給失智症患者無盡的溫暖和愛意。

不管是讓失智長輩到機構中安養，或是請外籍看護來照顧，許多家屬常忽略這個問題：「不是『有人』照顧就好，更不是讓他吃、喝、拉、撒、睡而已。」如果沒有包含心理與情緒的需求，對失智症患者而言便不是完整的照顧，而這些都需要靠專業訓練與經驗來解決，家人也未必能勝任。

如今，台灣的失智症患者愈來愈常見，也是長期照護的主要對象之一，不管是在家自行照料，或是交給其他照護人員、機構，都需要具備失智症患者的照顧知識與技能，尤其是尋求外在的資源、管道時，一定要詳加評估。

現在透過網路就能找到提供居家照護服務的預約平台，有許多照服員不但具有專業證照，也具備許多豐富的經驗能很快地掌握失智長輩的狀況與需求，不但有助於提升他們的生活品質，也能給予家屬許多良好的照顧建議，這是一般外籍看護或是養護機構皆難以取代的優點，值得民眾在選擇時列入考慮。讓失智長者在生命的最後階段感受到溫暖和關愛，共同創造一個充滿愛與關懷的社會。

STORY 23

即使失智，仍不忘每天整裝上班

分身有術的新孝道

　　曉茹（化名）是一名家庭主婦，婚前曉茹是父母的掌上明珠，而婚後全心投入家庭，不僅成了公婆的寶貝，她也以全家人的快樂幸福為己任，雖是大家庭，又和公婆同住，但相處十分融洽。

　　大家庭生活並沒有想像中的困難，公婆深知曉茹不擅長家務，所有家務都請人來幫忙，平日裡，公公上班，婆婆則投身志工活動。在家人的支持和時間允許的情況下，曉茹也找了份工作，開始了每天上班的忙碌生活。

　　幾個秋天過去，曉茹已經成為孩子的母親。她感謝自己擁有強大的家庭支持，能夠無後顧之憂地陪伴孩子成長，阿公、阿嬤更是滿心歡喜，整天說著要更努力保持健康，陪伴孫子長大。

　　然而，發生在公公身上許多生活中的「小意外」，卻開始蠶食他們平靜且愉快的生活。

　　有一次公公四處找不到手機，最後竟然在冰箱找到手機；又有幾回因穿錯衣服常常差點遲到，或是套上衣服後才發現衣服太小，總是需要婆婆幫忙找衣服並整理好，之後甚至有一次家族旅行，公公說要去上廁所，去了好久，一直沒回來，曉茹的先生不放心，前去查看才發現男廁沒人，還好後來打電話才找到公公，把他平安帶回……。

　　這些零星發生的事，再加上公公差點丟失的狀況，讓大家有了警覺，於是在旅行結束後幫公公預約了醫師，經過一輪檢查，確診為失智症。

這個消息對公公來說是極大的打擊，他陷入沮喪。向公司請了一段時間的假，好在大家再三鼓勵他，讓公公重新燃起自信。然而，公公的症狀卻每況愈下，不僅是忘東忘西、失去方向，偶爾還會忘記如何坐起和站立。公公在生活上愈來愈需要別人的幫忙，於是先生找了外籍看護來協助，這讓大家都輕鬆不少。

　　白天公公還能獨立處理一些事情，仍然維持上班，但晚上時常需要起床如廁，讓婆婆的睡眠時間被打斷，很是困擾。於是只好請外籍看護晚上加班協助公公，但一段時間下來，外籍看護也累倒了，表示晚上不想再加班。

　　「外籍看護也是人，是人都需要休息。」婆婆說。

　　「還是找專門晚上可以照顧爸爸的人？」先生提議。

　　「上次我有在廣播聽到有關提供居家照護服務的網路平台，三個小時就可以預約專業的照服員，好像滿符合我們的需求，要試試看嗎？」曉茹建議。

　　大家很快達成共識，於是曉茹透過網路平台的傳訊功能向照服員確認即便在晚上照顧公公，也不會跟著休息，這讓曉茹放心地進行了第一次預約。

　　晚上，大家確保照服員熟悉環境後，便各自回去休息，而婆婆和曉茹則在一旁觀察。照服員照顧公公的過程非常細心，無論有什麼動靜，他都會立刻給予關注和協助。第一個晚上很快就過去了，照服員打理好公公的衣物後，便正式下班。

　　後續的服務，雖然不一定是同一位照服員，但所提供的關懷與服務都是一樣的。公公頻繁如廁並沒有讓那些照服員感到不耐煩，大家都很滿意有專人的照顧服務。

　　一切都往好的方向發展，公公和先生依然一同出門上班，婆婆仍

舊熱心投身志工行列，而曉茹也成功地重返職場。早晨出門時，曉茹發現庭院中的蘭花再次綻放，暖暖的春天又一次造訪這個家。

　　家庭中，每個人都需要相互扶持、關愛和理解。曉茹學會把照護的負擔分散，了解到不僅家人需要照顧，也需要照顧自己。即使家庭面臨挑戰，也仍堅定地走在一起，持續地愛與關懷彼此，一同面對未來的不確定。對於曉茹來說，家庭也是她能孜孜不倦地學習與成長的場所。

STORY 24

記憶慢慢消失在黃昏裡，但明天仍有黎明

　　雅娟（化名）照顧黃阿姨已經半年多了，人家都說照顧失智症患者並不容易，但黃阿姨卻很少讓雅娟感到困擾。雖然忘這忘那，但她脾氣卻始終都很溫和，幾乎不會對人抱怨什麼，每次陪她去公園散步，她總會問候雅娟的家人，像錄音帶播放一樣，不斷重複，就算每次聽到的話一樣卻還是讓雅娟感到溫暖。

　　雅娟是黃阿姨的女兒美華（化名）去年透過第三方居家照護媒合平台預約，請她照顧八十多歲的母親。美華說媽媽有輕中度失智，經醫師診斷有短期記憶、認知退化的狀況，還有大小便失禁的問題，白天一個人在家，雖然行動能力還算正常，但仍需要有人陪伴，以及協助更換紙尿褲等。因此美華希望找個人能固定星期一至五，白天來家裡照顧母親。雅娟之前曾照顧過幾位患有失智症的對象，剛好現在沒有固定預約的客戶，於是開始每天早上十一點到傍晚五點去照顧黃阿姨。

　　到了黃阿姨家裡，美華大概說明了一下需要雅娟協助的事情，包括：午餐時要幫黃阿姨備餐，要提醒她吃藥，以及定時更換紙尿褲，另外，如果天氣好的話，可以陪她去附近散散步，最後交代一些注意事項，美華就把黃阿姨交給雅娟了。

　　黃阿姨的先生過世七、八年了，兩人感情很好，先生的過世對她打擊很大，加上白天孤單地一個人，所以話也愈來愈少。據美華說，黃阿姨就是丈夫過世兩年後，開始出現失智的現象，但到現在，黃阿姨有時還會說，先生去出差了，過幾天就回來。

雅娟在整理黃阿姨的房間時，看到好幾本相簿，所以雅娟有時候就找機會，要黃阿姨講她年輕時候的故事，順便看看她相簿裡的家人。黃阿姨的先生年輕的時候很帥，聽黃阿姨講說，先生當學生的時候功課很好，後來還去日本留學，畢業後回台灣沒多久，就去大學教書了。

黃阿姨自己是師範學校畢業的，當了老師之後，沒多久就因為親友介紹的關係，認識了她的先生。兩人都是從事教育工作，興趣也很相近，彼此都有好感，相遇半年後就完成了終身大事。

在黃阿姨有了小孩之後，夫妻兩人便商量為了下一代的教養，由黃阿姨辭去教職，專心帶孩子及處理家務。之後幾年，兩人加上陸續出生的三個小寶貝，安定而美滿的家庭生活，就是黃阿姨的全世界。

看相簿的時候講，看電視的時候也講，還有散步的時候，黃阿姨看到路上的小朋友，也會說：「她跟我家小琪小時候好像喔。」在她的腦海中，時間有時候定格在二十幾歲剛結婚時，有時候又停留在三個孩子上大學時，中午一起用餐時，偶爾還會說：「再等一下啦，等孩子們放學回來一起吃呀。」

也許是因為有人聽她講家人的事，讓黃阿姨的情緒找到出口，美華說：「我媽媽最近心情好像變好了一些，謝謝你。」其實，因為這段照顧的情誼，雅娟跟美華也成為無話不說的朋友了。白天，雅娟三不五時就把黃阿姨在家的狀況，透過網路平台的傳訊功能告知美華，出去散步時，也會拍一些黃阿姨的照片傳給美華，讓美華能放心地上班，也讓她下班回家時能看到一個有笑容的母親。

雅娟常想，失智最大的惡夢就是記憶慢慢地消失，但這個過程中，如果有人能陪伴在失智症患者身邊，不時地喚起他／她的記憶，讓他／她在黃昏的餘暉中，還能找到許多自己的片段，在明天黎明來臨時，仍對生活充滿希望。

STORY 25

你是小三！失智者的妄想難題

「你這個狐狸精，給我滾遠一點！」印尼籍的女看護就這樣默默的離開了，這是吳媽媽趕跑的第二個看護了——三天都沒做滿。

吳媽媽原本就有小中風，去年又初步判斷有失智症狀，家人為減輕照顧的負擔，請了外籍看護到家中幫忙。但一開始就遇到麻煩，因為吳媽媽對女性看護非常不信任，總認為對方會勾引自己的丈夫，只要看到她跟丈夫稍有接近，就開始大吵大鬧，看護根本做不下去。

短期居家照護平台上的照服員許小姐在接案時，吳媽媽的家人已跟她說明了這個狀況，許小姐雖然有些猶豫，最後還是答應了。到了吳媽媽家之後，許小姐從兩方面來克服這個問題，首先是積極建立兩者的關係，除了盡量處在吳媽媽身邊，並且時時找機會跟她聊天，任何舉動也都會先跟吳媽媽說明後才進行；消極的部分，盡量不接近吳媽媽的先生，尤其在吳媽媽視線內避免跟他交談。如此一來，吳媽媽就找不到機會「發作」了。

除了「嫉妒」妄想，吳媽媽也常常發現自己的錢財少了，並認定有人偷了她的錢。事實上，吳媽媽在家人不注意或不知情時，常常自己跑到附近診所看病，但事後都會忘了有付醫藥費這件事，一看到錢包的錢少了，就大聲嚷嚷「誰偷我的錢」。

許小姐來了之後，當然也知道吳媽媽自己偷跑去看病的狀況，但她不動聲色，若無其事地跟吳媽媽去診所，一方面了解看診的狀況，另外也當面提醒吳媽媽「掏錢看病」的事實，回到家之後，再重複跟

她提起「剛剛付錢之後，錢包剩多少」，並建議吳媽媽把每次看診的時間跟費用，都自己記錄下來，如此便可知道錢有沒有被偷啦。

後來在許小姐的不斷努力之下，吳媽媽慢慢地卸下心防，她開始意識並接納這位前來照顧她的人，一陣子過後吳媽媽妄想的症狀就愈來愈少出現了，因為許小姐專業且良好的處理方式讓吳媽媽逐漸將她視為朋友，也會向她吐露一些心聲，甚至當許小姐有其他的客戶不能前來時吳媽媽也會感到失落，在這樣的聊天之下吳媽媽失智的症狀也減緩了不少。

「懷疑配偶不忠」、「錢被偷」都是失智者常見的妄想情節，指控的對象也常都是最親近的家人，如果當面否認、解釋，雙方很容易起爭執。一般都建議用其他尤其是患者最喜歡的事物，來轉移患者的注意力，等對方情緒較穩定後再進行溝通解釋。而在溝通時，儘可能語氣溫和、耐心傾聽，說話時要有眼神接觸，並調整位置在他的目光前方，甚至用手勢、姿勢來協助溝通，必要時也要引導患者做自我表達。

其實，失智者的妄想症狀，受害最嚴重的往往不是本人，而是「家人」。因為妄想的本人很容易就忘記了，但家人卻長期受到心理衝擊，而且會逐漸累積，因此引發憂鬱症的都不少見。原本是照顧的人陷入情緒低潮之後就變成需要被照顧的人，此時，除了自己主動尋求醫療協助，也可找其他照顧人員來分擔，一方面緩和照顧與情緒的壓力，一方面也透過有專業訓練的第三者，減輕失智者的妄想情節，或是協助溝通。

許多照護人員具有面對失智症患者的經驗，除了專業上的訓練，「耐心」更是他們的必備，當面對失智家人時，獨自承擔往往讓問題累積、惡化，不妨多加善用網路平台資源尋找合適的照護人員來協助。

STORY 26

爸爸對不起你，蠟燭兩頭燒的困境

「爸爸，我暑假要上游泳課，你能載我去嗎？」小睿（化名）昨天吃飯的時候這麼問信宏（化名），但信宏卻沒辦法答應他。事實上這半年多，小睿幾乎所有的活動，信宏都沒能參與，因為有八十多歲的父親需要照顧，信宏所有能抽出來的時間都留在家裡陪父親了。

兩年多的新冠疫情，對信宏家的生活影響實在太大了，尤其對需要旁人照顧的父親。原本的外籍看護時間屆滿回國了，又恰逢疫情，遲遲無法找人來接手，只能靠家裡所有能動用的人力來因應，包括兒子信宏、媳婦淑文（化名），還有在念大學的孫女蕙琪（化名）。

信宏的父親——吳爺爺失智多年，身體狀況也愈來愈差，不但行動能力嚴重衰退，肢體也逐漸僵硬，以致臥床時間愈來愈長。自從外籍看護阿蒂回國後，信宏才真正體會到照顧父親真是一件不容易的事，光是幫他如廁、洗澡，就讓人手忙腳亂，何況還要應對不時出現的情緒問題，連很脾氣很好的淑文，也不免會發出一些怨言。

信宏工作比較忙，以往待在家中的時間也不多，唯一的孩子小睿是太太在四十歲高齡才產下的，畢竟是盼了很久得來的孩子，所以，信宏一直都很珍惜和小睿相處的時間。在小睿小時候，信宏只要一有空，就會帶著他到處玩，除了上、下課必要的接送外，像運動會、家長會……等與學習相關的活動，信宏也都會盡量參加，但自從父親病了，信宏漸漸感到分身乏術，而阿蒂走了之後，照顧的重擔直接落在信宏肩上，想要再抽空陪小睿幾乎是不可能的事了。

小睿是個聰明又敏感的孩子，他也知道爺爺生病了，需要家人照顧，所以從來不會吵著要爸爸陪他。這一次雖然也沒有說太多，但仍無法隱藏他失望的表情。他小小聲地說：「很久沒有坐爸爸的車了。」信宏聽到後感到非常內疚。

人力仲介跟信宏說，以目前的情況，大概還要再等半年左右，才能有外籍看護到家裡來幫忙。信宏也想過要找國內的看護，但除了費用偏高之外，疫情期間要找能配合的人更是一件難事。就在這個時候，孫女蕙琪在網路上找到了一個居家照護的第三方預約平台。

蕙琪告訴信宏，平台上能找到國內專業的照服員，可以配合家庭的條件需要選擇不同的照服員，還能非常彈性地安排時間。以吳爺爺的狀況來說，若是早上九點到下午三點能有人來接手照顧，之後蕙琪放學回家，就可以剛好接上，其間有任何狀況，照服員也能透過平台的傳訊功能即時聯絡，因此，信宏便立刻上網登錄預約。

這段期間，信宏陸續預約六、七位不同的照服員來家裡，他們不但上手快，在吳爺爺各方面的照顧也非常細心，且具備專業技能，可以幫助吳爺爺完成日常生活中的各種活動，例如沐浴、穿衣、進食、如廁等等，確保他的基本需求得到滿足。照服員還會耐心地協助吳爺爺轉移體位、更換衣服、清潔身體等，並定期幫他翻身，以避免長時間壓迫導致褥瘡等問題。

除此之外，照服員還幫助吳爺爺進行運動和訓練活動，幫助他保持肌肉強度和柔軟度，延緩退化的速度。這些活動也可以減輕吳爺爺肌肉僵硬的疼痛和不適感，讓他感到更加舒適和放鬆。甚至還能陪伴吳爺爺去醫院、診所等地方進行醫療檢查和治療。

更重要的是，照服員們也非常注意吳爺爺的情緒狀態，會用各種方法幫助他保持情緒穩定，如聆聽他的感受、提供支持和鼓勵、陪伴他

看電視、聊天等。這些都可以讓吳爺爺感到被關注和照顧，讓他時時感受到有人在意和關心他。信宏一家看到後，也從照服員那裡學習許多照護技巧，有空時和吳爺爺一起做一些活動，看到他開心的樣子，覺得家裡的氣氛真的比以前好多了。

　　現在，信宏平日每天都會固定預約照服員來家中照顧父親，所以他可以放心地去工作，也可以和小睿有相處的時間，不管是開車帶他去上英文課，或是看看展覽等，父子倆又慢慢回到以前親近的關係。有時候週末家庭想出去玩，也能請照服員來家中照顧父親，這樣讓信宏可以有自己的生活，也能放心地將父親照顧好！

陌生溫暖的她，陪伴母親度過洗腎的日子

「邱姐不好意思，明天又要麻煩您陪媽媽去洗腎了。」半年前開始，將近八十歲的李媽媽固定一週要去醫院洗腎三次，身為女兒的惠文（化名）在沒上班的星期六能陪著媽媽去醫院，但平日需上班的她沒辦法每次都請假，只能拜託鄰居邱姐陪媽媽去。

其實李媽媽開始洗腎時，惠文的小阿姨就自告奮勇說要陪她去醫院，但考量李媽媽有點輕微失智，行動能力也不太好，而小阿姨也快七十歲，兩個老人家出門實在令人擔憂。後來是李媽媽多年好鄰居邱姐知道了這件事，便熱心地陪她去洗腎。但洗腎一週要三次，兩、三個月下來，每次要打電話拜託邱姐時，惠文總是很不好意思，再加上後來聽媽媽說，邱姐自己身體其實也不太好，若還要扶著她上上下下，確實太辛苦她了。

所以這件事讓惠文苦惱了很久，因為要找其他人代替邱姐並不容易，一來邱姐跟李媽媽很有話聊，陪同去洗腎時，能讓李媽媽心情好一點；二來就算想找臨時看護也不容易，像洗腎這種情形，每個星期兩次，一次半天左右的時間，雖然是長期固定要來，但時間很零碎，幾乎找不到合適的人願意接。

後來經多方打聽，惠文在網路上找到有提供短期居家照護的預約平台，可以找臨時性的看護，別說像陪伴洗腎這樣一星期固定兩、三次的，就算是這個月只要三、四天，下個月又要七、八天，偶爾白天需要，偶爾晚上需要也都可以。如此有彈性的照護服務讓惠文很是驚

喜，而且透過網路平台還可以依自身條件挑選照服員，若是不合適的話，下次換個人就好。

　　她一開始找到一位年輕的照服員，雖然人也很客氣，不過話很少，跟李媽媽聊不太起來。兩次過後，李媽媽覺得好像不太容易親近，因此惠文又另外找了一位年紀跟媽媽差不多，將近四十五歲的張小姐，她年輕時當過護士，因此退休後會接一些居家照護的案子，是位照顧經驗豐富，又非常有耐心的人。

　　張小姐做事十分有效率，來之前會先叫好計程車，為了方便她付錢，惠文也會先把計程車費放在信封袋裡，等他們出門後，惠文便去上班了。

　　每次洗腎需要四至五小時，而且躺著不能移動，身上還要插著兩根針管，這無論對誰來說，都是件折磨的事。張小姐總會在李媽媽旁邊，仔細地關心她的狀況，尤其是體溫跟血壓的異常，如果李媽媽覺得不適的話，她也有準備止痛的藥膏隨時可以派上用場。過程中李媽媽覺得冷，張小姐也會幫她加被子，如果還是不行，就趕緊請護士來調整一下透析液的溫度。洗完腎後，李媽媽有時會有點低血糖的狀況，張小姐總是會細心地看她有沒有頭暈，而且還自備一些食物或點心給李媽媽止饑。

　　因為張小姐當過護士，像記錄體重、血壓這些資料都不會有問題，而且對醫師的醫囑也會很確實且完整地向惠文轉達。李媽媽有張小姐陪伴的這段日子裡，惠文放心許多，不僅不用再擔心是否要拜託親戚或鄰居來幫忙，她也可以專心上班，而陪同媽媽洗腎的任務就放心交給專業又細心的張小姐了！

延緩失智實用法

失智症是一種嚴重的退化性腦部疾病，其在全球的盛行趨勢引起了國際社會的關注。根據國際失智症協會（ADI）2019 年的全球失智症報告，全球失智者數量已經超過 5 千萬，而到了 2050 年，預計將激增至 1 億 5 千 2 百萬人。

令人擔憂的是，失智症的盛行速度驚人，每三秒就有一個新的失智症患者出現。這種迅速的增長導致失智症相關的醫療和社會成本不斷攀升。目前，全球失智症相關成本已達每年一兆美元，而預計在 2030 年時將翻倍增加。

根據台灣國家發展委員會的數據，截至 110 年 12 月底，台灣 65 歲以上的失智人口已高達 300842 人，失智症盛行率達到 7.62%。而這個盛行率隨著年齡的增長呈現指數級增長，特別是在 74 歲以上的年齡段，幾乎每過 5 年盛行率就成倍增加。

失智症是一種神經退化疾病，表現為短期記憶力減退、語言、空間感、計算力、判斷力、抽象思考能力、注意力等功能退化，並可能出現干擾行為、個性改變、妄想或幻覺等症狀。

失智症有十大警訊，早期警訊可以幫助人們及早察覺失智症的跡象，提供更好的治療和管理機會。**常見的十大警訊包括記憶力問題、尋找物品的困難、日常活動的變化、言語和語言障礙、時間和地點迷失、判斷力下降、社交活動減少、情緒和性格變化、行為改變、和認知功能下降。**如果出現這些症狀，特別是多個症狀同時存在，應及早

尋求專業醫療幫助。

　　AD-8 便是一個用於篩檢極早期失智症的評估工具，可以用來快速評估一個人是否有可能患有失智症。這個篩檢量表包含八個問題，涵蓋了日常生活中可能出現的記憶力和認知問題，通過簡單的問答就可以判斷是否需要進一步進行更詳細的評估。及早使用 AD-8 進行篩檢，有助於早期發現失智症的徵兆，以便提早進行治療和管理。

　　此外，失智症的症狀與一般的老年記憶力衰退也有所區別。一般來說，年老的人可能會經歷一些輕微的記憶問題，但這不影響日常生活和獨立功能。然而，失智症患者的記憶和認知能力明顯下降，影響到他們的日常生活和社交功能。

　　接著來了解失智症的分類，按病因和病變區域可分為五大類。

第一大類 「阿茲海默症」，最常見的失智症，以短期記憶和認知功能衰退為主，常見於高齡者。

第二大類 「阿額顳葉型失智症」，主要受損區域為大腦額葉和顳葉，導致語言、行為和情感問題。

第三大類 「路易氏體失智症」，病變主要在大腦杏仁核和腹側前額葉，導致情緒變化和行為問題。

第四大類 「血管型失智症」，由腦部血管問題導致，血液供應不足引發腦細胞損傷，影響記憶和認知。

第五大類 「其他失智症」，包括輕度認知障礙、前額葉退化等其他形式的神經退化疾病。

失智症有哪些型？

1. **阿茲海默症**：最常見的類型，好發於65歲以上，為腦神經功能不可逆的退化。
2. **額顳葉型失智症**：屬性格改變與語言障礙之退化。
3. **路易氏體失智症**：認知功能障礙，並伴隨幻視、幻聽與莫名跌倒。
4. **血管性失智**：因腦血管疾病引起，常見情緒及人格出現變化。
5. **其他因素引起**：如腦瘤、外傷水腦症、酒癮所致，大多可被治癒。

　　失智症的病程是逐漸惡化的。在早期階段，患者可能只有輕微的記憶和認知問題，但隨著時間的推移，症狀會變得愈來愈嚴重，影響到日常生活的各個方面。

　　由於失智症的病程是不可逆的，也還沒有根治的方法，及早診斷和干預是延緩病情發展的關鍵，目前藥物治療和非藥物治療可以幫助減緩失智症症狀的發展，提高患者的生活品質。

　　首先藥物治療，台灣常見的失智症治療藥物主要分為以下幾類：

1. **乙醯膽鹼酶抑制劑（Cholinesterase Inhibitors）**：這些藥物包括愛憶欣（Aricept）、多奈得寧（Donepezil）、加蘭他敏（Galantamine）和憶思能（Exelon, Rivastigmine）、利憶靈（Reminyl）、威智（Witgen）。它們作用於腦部的神經傳

導物質乙醯膽鹼酯酶，有助於提高乙醯膽鹼的水平，減緩失智症症狀。

2. **NMDA 受 體 拮 抗 劑（NMDA Receptor Antagonists）**： 拾 憶（Memantine）是 這 一 類 藥 物 的 代 表。 它 作 用 於 腦 部 的 NMDA 受 體，有 助 於 減 緩 麩 氨 酸（glutamate）的 影 響，保 護 神經元免受損傷。

而非藥物治療也是失智症患者治療中不可或缺的一部分，它可以使生活更豐富，提高患者的生活質量。這些治療方法強調提供對患者的關愛、支持和積極參與。非藥物治療的效果主要體現在以下幾個方面：

1. **減少不安和孤獨感**：失智症患者常常感到不安和孤獨，非藥物治療可以通過社交活動、支持性照護和關愛來減輕這些負面情緒。

2. **增加自信心和動機的產生**：通過鼓勵患者參與各種活動，他們可以增加自信心，提高對生活的動機和興趣。

3. **減少精神行為症狀**：非藥物治療可以幫助減少失智症患者的精神行為症狀，如焦慮、憂鬱和煩躁。

4. **降低日常生活功能障礙**：通過提供日常生活的支持和幫助，患者的生活功能得到改善，提高他們的自理能力。

5. **認知功能的延緩及保存**：非藥物治療可以幫助減緩認知功能的退化速度，保持患者在一定程度上的認知能力。

6. **增加溝通的豐富性**：通過積極溝通，患者可以更好地表達自己的需求和情緒，幫助他們更好地適應環境。

接下來將以五個面向來介紹減緩失智的方法。

面向一，預防失智症的祕訣：趨吉避凶。

趨吉，預防失智症的關鍵是保持腦部活躍和健康。這可以通過多動腦、多運動、多社會參與、均衡飲食和維持適當體重來實現。多閱讀、解謎遊戲、學習新的技能都可以幫助保持腦部靈活性。另外，定期參加運動和社交活動也是延緩失智症的有效方法。保持均衡飲食和適當的體重有助於控制三高（高血糖、高血壓、高血脂）的風險，這些因素與失智症的發展有關。

避凶，預防失智症還需要避免一些不良的生活習慣。這包括預防三高症狀，例如保持適當的飲食和生活方式來控制高血壓、高血糖和高血脂的風險。此外，應該避免頭部外傷，注意防止意外事故的發生。戒菸也是重要的，因為吸菸對腦部健康有負面影響。另外，遠離憂鬱和壓力，積極面對生活中的挑戰和壓力，有助於保持身心健康。

面向二，打造安全居家環境。

為了確保失智症患者的安全，居家環境需要進行相應的改造。這包括客廳篇、臥室篇、廚房篇和浴室篇：

- ◆ **客廳篇**：移除地毯和雜物，保持通道暢通，避免跌倒。裝設扶手和坐墊，提供額外的支持。
- ◆ **臥室篇**：床的高度應該適中，方便進出。床邊應放置燈光和一些常用物品，方便患者夜間起床。可以考慮安裝床邊扶手，以提供額外的支持。
- ◆ **廚房篇**：確保廚房的工具和烹飪用具安全易取，避免燙傷和意外。減少使用火爐，可以考慮使用電磁爐，以降低火災風險。

◆**浴室篇**：浴室需要裝設防滑地墊，防止患者在淋浴時滑倒。浴室應保持乾燥，減少滑倒的風險。安裝扶手和浴室安全扶手也是很有必要的。

面向三，延緩失智的活動。

提供多樣化的活動對失智症患者的認知和情緒都有積極影響，主要包括以下幾類：

◆ **經驗傳承**：通過與年輕一代的互動，分享經歷和知識，可以增加失智者的自尊心和歸屬感。

◆ **認知活動**：例如解謎遊戲、數字遊戲和記憶訓練，可以幫助保持認知功能。

◆ **音樂創作**：聽音樂和參與音樂創作有助於舒緩情緒，提高情感表達能力。

◆ **體能活動**：適量的體能活動有助於保持身體健康和心理平衡。

◆ **藝術創作**：繪畫、手工藝和雕塑等藝術活動可以提供一種自由和表達情感的方式。

◆ **舞蹈創作**：參與舞蹈活動有助於提高協調性和動作能力，同時增加社交參與。

◆ **社會參與**：社會參與是延緩認知下降的關鍵。通過社交活動，失智症患者可以保持社交連結，增加對外界的認識和了解。專業的認知刺激治療（Cognitive Stimulation Therapy, CST）將主動參與作為基礎，設計相應的活動來鼓勵患者積極思考、操作和表達想法。

面向四，減緩失智症的飲食：麥得飲食。

麥得飲食（MIND）是 Mediterranean-DASH Intervention for Neurodegenerative Delay 的縮寫，是一種有益於保護心智的飲食模式。該飲食模式結合了地中海飲食和 DASH 得舒飲食的特點，強調攝入大量豐富的蔬菜、水果、全穀物、堅果和豆類。同時，還推薦攝取少量的紅肉和垃圾食品。麥得飲食富含抗氧化劑和維生素，有助於保護腦部神經細胞免受損傷，並延緩認知功能的退化。

面向五，運動。

運動是預防和治療失智症最有效的方法之一。有氧運動和重量訓練被認為對失智症最有療效的運動治療項目。有氧運動可以提高心肺功能，增強血液循環，促進氧氣和養分的供應到大腦。重量訓練可以增加肌肉的強度和穩定性，有助於保持身體平衡。專業的物理治療師可以根據失智症患者的身體功能狀況安排最適合的運動治療方案，包括柔軟度、肌力訓練、心肺耐力訓練、平衡和協調以及疼痛處理等。透過運動治療，失智症患者可以保持較好的身體功能，避免快速進入狀態，從而提高他們的生活品質。

延緩失智症的方法涵蓋多方面，從預防、治療到生活方式等，都能有效幫助患者延緩失智症症狀。保持腦部活躍、運動、多元社交參與、健康飲食和遠離不良習慣是預防失智症的關鍵。在治療方面，藥物和非藥物治療結合，進行認知刺激和提供豐富活動都是有效手段。同時，對照顧者來說，提供安全居家環境、支持患者的社會參與和鼓勵健康飲食和運動是重要的小叮嚀，有助於為患者提供更好的照護和生活品質。

第 8 章

為了照顧家人，我得離職嗎？

STORY 28

被愛所困，該如何找回自己？

　　碧倩（化名）是一位獨身女性，已在外商公司工作近十年，能力備受上司肯定，常常外派到其他國家考察或代表台灣分公司參加亞洲區總公司的會議。工作對碧倩而言不僅是謀生的手段，更是肯定自我的重要途徑。然而，這種充實的生活遭遇了一個嚴峻的挑戰——來自家庭的考驗。

　　碧倩的媽媽已經失智了一段時間，最近狀況變得愈來愈嚴重。儘管碧倩的爸爸勉強照料著她，但體力日益衰退的爸爸要負責家務，很難同時照顧到媽媽，而在鄉下地區，門戶一直不嚴，媽媽已經不止一次獨自外出，被鄰居帶回來。但壓垮駱駝的最後一根稻草則發生在今年過年時，碧倩的兄弟姊妹四人回到中部老家時。

　　碧倩是么女，有兩個哥哥和一個姊姊，唯一未婚。

　　大哥首先發難說：「媽媽現在這樣，實在需要找個人來照顧了，不然連爸爸也撐不下去了。」

　　大姊提議：「那就找個外籍看護來照顧媽媽，錢大家分擔。」

　　二哥馬上反對：「外籍看護問題很多，有的語言不靈光，還聽過會偷竊的。而且我們四個都在台北，根本無法經常回家查看家裡狀況。

萬一她在照顧過程中逃跑，那不是更麻煩？」

碧倩在一旁沉默，她隱隱感受到結論已經浮現。果不出所料，大姊說：「我也知道最好由我們自己來照顧爸媽，但四個人都有工作，家中也有孩子，我們怎麼可能輪流回來照顧？」

大哥擺出長子的架勢：「碧倩啊，只有你單身沒家小，爸爸也最疼你，你回來照顧爸媽最合適。」

碧倩終於不得不正視這個攸關自己未來生活的結論。她試圖抗議，但聲音低得連自己都不敢相信：「我也有工作啊。」

二哥一臉不耐地說：「你又不結婚，賺這麼多錢給誰用？就算要錢，我們三個把顧人的錢都給你，也算是給你補償了。」

碧倩終於忍不住了，她提高音量說：「照顧爸媽只有我的責任嗎？你們出些錢就解決了，我卻得犧牲我喜愛的工作，配合你們的情況？難道沒有結婚是我的錯？」

大姊無奈地說：「那不然，你說該怎麼辦？」

該怎麼辦？當家庭面臨有人需要照顧時，這個問題幾乎是必然會出現的。

在家庭照顧工作中，女性往往被視為最適合的照顧者，這種基於性別而決定的勞務分工，導致照顧工作女性化。從年輕時照顧小孩，到中年時照顧公婆，再到老年時照顧配偶，甚至被視為照顧孫子孫女的最佳解決方案，許多女性終其一生，都擔負著無償的家庭照顧工作。

根據行政院性別平等會的性別影響評估檢視表，從長照十年計畫三年全國長照個案資料中，女性佔家庭照顧者的 60.46%，男性則佔 39.54%；至於與個案的關係，49.32% 由兒女照顧，佔最多數，其次是配偶，佔 34.84%；而老年照顧者（如祖父母、父母、岳父母、公婆）佔約 4%。

女性化的照顧工作，讓許多女性付出相當大的代價，例如經濟依賴、老年貧窮和社會孤立等。台灣女性平均壽命較男性長，導致女性在老年時更容易面臨喪偶、失去經濟來源和陷入老年貧窮的困境。此外，長期照顧家人，與外界失去聯繫，可能導致社會孤立，讓老年女性的生活更加辛苦。

　　「愛的勞動」是描繪照顧工作的一個詞彙，暗示著「愛」可以克服並解決照顧中的各種問題和挑戰，華人社會普遍將照顧工作責任化，視之為一種「無償性」的勞動，導致照顧者的需求常常被忽視，受倫理或道德約束。然而，這樣的責任化更加重了許多照顧者的壓力，也導致不少人因此身心疲憊。根據統計，長期家庭照顧者有 87% 罹患慢性精神衰弱、65% 有憂鬱傾向、20% 被確診患有憂鬱症，此外，家庭照顧者的死亡率比非家庭照顧者高出 60%。

　　因此，社會共同的責任應該是設立更健全、更合適的照顧方式，而不是以「性別」作為承擔家庭照顧責任的準則。政府更應提供相關的政策協助，民眾也可以利用民間企業提供的照護服務，以尋求更佳的解決方案。

　　對於碧倩來說，她的工作狀況和經濟能力完全足以將父母接來台北。她可以在白天聘請專業的照護人員照顧他們，晚上自己陪伴雙親，這樣一來，她既能保有職業生涯，也能顧及家人的需求。事實上，「辭職照顧家人是最後手段」，已逐漸成為政府和學界的共識。可以優先採用短期居家照護服務，請專人來協助照顧的模式，不僅提供專業保障，讓職場不管是女性還是男性都能在照顧家人的同時，不失去實現自我夢想的機會。

　　在碧倩回到台北後，她不但能安心工作，還能透過網路平台的傳訊功能與照服員保持溝通，隨時掌握父母的情況。父母也非常理解碧

倩的工作重要性，並且鼓勵她專注於事業發展。這讓碧倩感到無比幸福，因為她不僅為父母提供了好的照顧，同時也實現了自己的夢想。

碧倩的職業生涯進入了新的高峰，優秀的工作表現讓她得到更多上司的青睞，進一步晉升到管理階層。她的外派頻率也逐漸增加，但這並不再成為煩惱。碧倩知道家裡有可靠的照服員，父母的生活品質和安全都得到了保障，讓她可以更加專心地投入工作。

儘管工作忙碌，碧倩還是會在週末和假期盡量能有和父母相處的時間。他們一家人一起享受美好的時光。碧倩和父母之間的情感更加深厚，彼此之間的關懷更加溫暖。

---◆---

短期居家照護服務成為家庭的安心後盾，讓更多被「愛的勞動」所困的子女能夠在職業和家庭之間找到平衡，實現自我價值，這份「愛的勞動」也將得到更多尊重和關注。

STORY 29

婆媳之間，有個「她」就好辦

　　雅琳（化名）跟俊祈（化名）結婚快十年了，兩人婚後住在婆家，起初幾年，家人們相處都還算融洽，有了小孩之後他們請婆婆和公公幫忙，如此既能陪伴他們也能照顧他們的身體健康。

　　由於婆婆對家務非常在行，一直以來都由她來維持整潔的家居環境和健康的飲食習慣，讓家人們都非常放心。在這段期間，婆婆也一直給予雅琳和俊祈很多幫助和支持，不僅照顧孩子和家務，還會關心他們的生活和工作狀況，時常給予建議和鼓勵。

　　這種融洽和互相幫助的家庭氛圍，讓雅琳和俊祈的婚姻更加穩定和幸福。小孫子公公疼婆婆愛，氣氛更顯熱鬧。夫妻倆白天都上班，兩老會幫忙帶小孩，回家後，婆婆準備好飯菜，全家一起吃晚飯，讓雅琳心中滿滿的溫馨與感激，一點都沒有常見的婆媳問題。

　　但兩年前，一切都改變了。

　　婆婆的身體出狀況，其實也不是一、兩天的事了，但老一輩總覺得不是什麼大病痛，忍忍就好，誰知道小毛病拖著拖著就成了大毛病，最後的結果就是得一天到晚跑醫院、看診，不論是神經內科、肝膽腸胃科，還是骨科等跑遍，看起來並沒有什麼大病，但就總是這裡不舒服、那裡會痛。

　　最大的問題，就是精神愈來愈差，胃口也愈來愈小，動不動就容易發火，且還經常容易感到焦慮、不安和疲憊，睡眠品質也變得很差。

　　這些林林總總的情況對整個家庭的生活和關係產生了負面影響。

婆婆愈來愈依賴家人的照顧，但對家人卻也愈來愈暴躁，這樣的矛盾讓照顧她的負擔顯得愈來愈重。此外，婆婆也感到孤單和無助，因為她無法像以前一樣自己照顧自己，家人更常常因為無法滿足她的期望而感到挫敗和沮喪。

雅琳和俊祈工作忙碌，又要照顧小孩，但婆婆身體不好，情緒波動也大，需要更多的照顧和關注，這讓夫妻倆感到前所未有的壓力，家裡的氣氛也不如以往的和諧。。

雅琳一開始也很擔心婆婆，四處尋醫、求偏方，但或許是因為效果不彰，導致婆婆的抱怨越來越多，有些偏方甚至讓婆婆的健康狀況更糟，之後的日子基本上就是陷入一種惡性循環，婆婆的狀況越不好，雅琳的心裡就越焦慮……一段時間後，婆婆開始會抱怨雅琳，雅琳對婆婆也開始有了怨言，生活中的一些衝突包含下一代的教養問題也開始有了分歧，婆媳關係幾近崩潰。

在一次晚餐時，婆婆無故說起雅琳和俊祈的感情問題，認為他們的婚姻不穩定，雅琳並沒有做好婚姻的準備。雅琳聽到這些話時，心裡感到很委屈，她嘗試解釋，但婆婆的態度讓她感到不被尊重。在之後的幾個月裡，這種不受尊重的感覺逐漸加劇，雅琳不再覺得跟公婆住一起，是件幸福的事了。上班已經夠她累了，下班回來不僅要顧孩子，更要看婆婆臉色、聽她抱怨，雅琳很清楚自己無法事事周全，於是決定只顧好自己的工作跟小孩，而不再時時遷就婆婆。

然而就在這個時候，俊祈竟暗示她不如辭了工作，在家帶孩子還能順便照顧母親。雅琳心裡想，光是現在婆媳之間已勢同水火，如果整天同在一個屋簷下，那大概會把自己逼瘋，更何況目前這個工作做得好好的，收入也不錯，要是不上班了，生活開支都得向先生伸手，她可一點都不願意。於是雅琳要求俊祈也得想辦法照顧婆婆，更要顧

及自己和孩子的需求。

幸好，雅琳跟俊祈的感情基礎穩固，兩人都不想因為這個問題影響婚姻，於是提議找個人來家裡陪伴婆婆，最好找個廚藝較佳的，能順便改善婆婆胃口不好的問題。

但要找到適合的人來陪伴婆婆，並不是件容易的事。

首先，在婆婆的飲食方面，照顧的人要能夠根據婆婆的口味和身體需要，煮出豐盛又健康的飯菜，這點至關重要，因為飲食對於老年人來說是影響健康非常關鍵的因素；其次，在婆婆的個人衛生方面，要能夠幫助婆婆洗澡、換衣服，確保婆婆的身體清潔和衛生，這是老年人日常生活中必不可少的照顧項目；還有在婆婆的生活環境方面，要能夠幫忙打掃房間，確保婆婆生活的環境整潔衛生，這對於老年人的生活品質非常重要的；此外，照顧的人還要能夠提供婆婆心理上的支持和安慰，當婆婆情緒不穩定或抱怨事情時，需要耐心地聆聽，並且給予她一些支持和安慰。

以上的這些條件讓夫妻倆在找照顧人員時陷入非常大的糾結，他們有嘗試過花多一點錢找外籍看護，然而有些外籍看護因語言的不便利，讓婆婆的脾氣更加的暴躁，加上三番兩次的換人更讓婆婆覺得自己是被丟給外人，讓雙方的關係一度降到冰點。

要跟情緒不穩定的婆婆相處，還要會做菜，而且想安排每星期一、三、五的下午來家裡，條件一多，能接或是願意接的人就一直找不到。最後，還是無意間在網路上發現有提供短期居家照顧服務的媒合平台，透過平台上的傳訊功能確認了照顧婆婆的需求都能被滿足後，成功預約到一位照服員邱姐，從邱姐的資料以及評價中，雅琳與俊祈發現不管是專業知識還是相關技能，邱姐都可以說是最佳人選，因此接下來就看婆婆的意見了，畢竟之前的照顧人員都達不到婆婆的

要求，讓她老人家非常的不滿意，雅琳與俊祈也擔心婆婆不高興、有先入為主的想法，所以沒有在第一時間跟婆婆說。

邱姐受過正式的照顧服務員訓練，也在養護機構服務多年，烹飪則是自己的興趣，擅長中西式點心，家常菜也很拿手。在接到這個案子之後，邱姐花了很多時間與雅琳溝通，她積極的去詢問婆婆在生活上的各種細節，以及婆婆的一些習慣與口味喜好，邱姐認為只有足夠的了解，在照顧時才能多站在被照顧者的處境想，而要想了解除了日常相處之外就必須透過不斷的溝通，所以她很積極的與雅琳和俊祈聯絡，而這也讓雅琳和俊祈很驚訝，因為以往的照服員就只是來上班打卡不會過問太多，也因此踩到了婆婆不少的雷點。邱姐說自己照顧過一些脾氣不太好的長輩，要雅琳與俊祈放心把婆婆交給她，只要多準備一些食材，讓她展現手藝就夠了。

邱姐開始照顧婆婆後，家中的氛圍稍稍變好了一些。邱姐每星期來三次，帶著笑容，先幫婆婆洗個澡、換衣服，再開始做飯。她煮菜的手藝也確實相當不錯，每次都會準備豐盛的飯菜，還會特別注意婆婆的口味和身體需要。

邱姐照顧過不少高齡患者，知道很多長輩都有胃口不佳的問題，她常常嘗試做許多比較開胃的小菜，來增加他們的食慾，邱姐也非常重視食物的營養價值和平衡。她會注意婆婆需要攝取的各種營養素，例如蛋白質、脂肪、碳水化合物、維生素和礦物質等等，根據婆婆的身體狀況和需求來調配食材和菜式。她會精心挑選新鮮、有機的食材，並選用健康的烹調方式，如蒸、煮、炒等，以保證食物的健康和美味。

其中婆婆最喜歡吃的一道菜是清炒山藥絲，以鮮嫩的山藥為主料，加入適量的蒜頭，經過簡單的清炒後，就能夠展現出山藥本身的甜味和脆爽口感，非常適合老人家的口味。邱姐在做這道菜時，還會

加入一些瘦肉絲和木耳，增加營養價值和口感。這道菜不僅美味，而且營養豐富，而且邱姐非常注重做菜的衛生和健康，使用的都是新鮮的食材和少量的油和調料。每次做完這道菜，婆婆都會吃得津津有味。

而且邱姐不但會做菜還擅長「說菜」，雅琳婆婆在吃這些佳餚或是小點心時，邱姐不時地在旁邊說故事，這道菜是在哪裡學的、那道菜有什麼由來，或是某個點心，是個得過獎的大廚發明的等等，讓婆婆吃得津津有味，也聽得津津有味，一邊聽一邊吃一道道菜就被婆婆吃完了，厭食的情況也愈來愈少，甚至每次邱姐來時婆婆還巴不得她趕緊下廚，其他的就都沒有那麼重要了。

婆婆也很喜歡跟邱姐聊天，邱姐更會耐心地聽她抱怨事情。除了照顧餐飲，邱姐會幫忙打掃房間，確保婆婆生活環境的整潔協助婆婆洗衣服、掃地、擦桌子等家務事。她會細心地確認婆婆需要的日常用品是否充足，如牙膏、洗髮精、肥皂等等，並且會幫忙購買和補充。如果婆婆需要出門買東西或去醫院看病，邱姐也會幫忙安排交通、陪同前往，確保婆婆的安全和舒適。

照顧婆婆的同時，邱姐也會和夫妻倆溝通婆婆的狀況，讓他們知道婆婆最近的身體狀況和需求。有時候婆婆會忘記吃藥或是療程，邱姐也會提醒她。邱姐更會關心婆婆的生活品質，例如婆婆的睡眠品質、飲食習慣等等，盡可能提供更好的生活照顧。

若是婆婆心情不好，邱姐也會在旁邊陪伴她，給予她一些心理上的支持和安慰。甚至在婆婆需要去看醫生時，邱姐也會陪同她前往，協助處理一些事務。邱姐和婆婆相處得相當融洽，她不僅滿足婆婆的生活需要，也提供給她溫暖和陪伴，讓婆婆感到很幸福、滿足。夫妻倆很感激邱姐的付出和照顧，讓他們感覺家庭更加溫馨和團結。

除此之外，邱姐更協助緩和雅琳婆媳關係，在照顧婆婆的同時，

她常常誇婆婆有個好媳婦，雖然因為工作無法親力親為，但對婆婆花了很多時間跟精力。婆婆也知道，邱姐能那麼得自己喜愛，很大程度上也是因為雅琳對自己的理解。只是雙方都不願第一個開口，和解也並非一蹴即成，而是需要雙方在相處與溝通之下慢慢一點一點的改變。

在邱姐無微不至地照顧、陪伴下，婆婆開朗不少，對雅琳說話的口氣也漸漸的沒像以前那麼尖銳刻薄。

之後，雅琳也向邱姐學了幾道小菜跟點心，她想知道究竟是怎樣美味的料理能夠讓刀子嘴又挑剔的婆婆能夠變成如今的忠實顧客，邱姐也毫不吝嗇的教導，每到假日時雅琳就會開始試著做菜來「孝敬」婆婆，在美食的誘惑下他們婆媳之間的關係逐漸回溫，雅琳心中更不免的浮出了一絲絲的驕傲與開心。

雅琳不僅學習烹飪，還會主動學習適合婆婆的照顧方式，讓婆婆在感到舒適的同時也體會到她的用心。雅琳所做的一切不僅得到了婆婆的肯定和感激，也使他們夫妻之間關係更加融洽，兩人之間的信任和理解也逐漸加深。

家庭關係的和諧與否，對於每個家庭成員的幸福感和生活品質都有極大的影響。婆媳是家庭中一個特別重要的關係，因為它涉及到夫妻與父母輩之間的和諧。如果婆媳關係良好，整個家庭的氛圍能因此更加融洽，家庭成員之間的情感也會更加緊密。而現在能透過居家照護服務為婆媳、兩代關係搭起一座橋梁，讓曾經不可能解決的事情變成可能，未來也將不用再擔心。只要雙方都有心，並且用行動來表達對彼此的關心和理解，就有可能創造出更和諧、美好的家庭關係。

我在未來等你，中風人生重來不留遺憾

「……以上是行銷部 2021 年度報告，接下來是 2022 年第一季的行銷計畫……」淑玲（化名）聚精會神地聽著台上公司同事的簡報，手裡的筆則是邊寫下要給行銷部的建議事項。看著簡報裡攀升的數字，淑玲心裡難掩激動，經過五年的努力，她跟先生一起創業的公司，業績終於有起色。她下意識地轉過頭去，想跟原本應該坐在她身邊的先生分享她的感受，但隔壁座位卻空無一人。台上報告的同事輕聲呼喚邱太太，想聽她對這份報告的意見。淑玲的思緒被拉回現實，她看著手寫的筆記，指示同仁新一年度的目標及該注意的事項。會議結束後淑玲才起身離開會議室，手機鈴聲響起，電話那頭傳來親切的聲音。

「邱太太嗎？我是照服員小陳，剛剛陪邱先生看完醫生回到家，醫生說邱先生復健的狀況很不錯，邱先生聽了很高興，有跟醫生表達他會繼續努力復健。我安頓好邱先生後，就會開始準備午餐了……」淑玲邊聽邊點頭，一邊謝謝小陳，一邊不忘囑咐他午餐的菜色後便掛上了電話。

邱先生與太太淑玲五年前白手起家創業，做的是國際貿易，需要經常熬夜與國外聯繫，偶爾跟國內經銷商應酬喝酒，飲食口味倒也清淡，就是不愛運動。平常也很少生病，從生活作息來看，談不上健康也談不上不健康。47 歲正值壯年的他卻從未想過，中風會這樣毫無預警地找上他。

發病的那天早上，腦袋突如其來的一陣劇痛，讓他全身沒有力氣

從床上跌了下來，嚇壞了枕邊人淑玲。趕緊送醫，經醫師診斷確診為「栓塞型腦中風」。

邱先生中風後，右側手腳癱軟只能平行移動，根本無法自理生活，而且腦中風讓他語言區受損，說話時嚴重口齒不清，就像火星文似的，淑玲根本無法辨別邱先生想表達的意思，僅能依靠肢體語言與彼此間的默契。原本吃飯、上廁所、穿衣服這些日常生活中的小事，邱先生完全無法靠自己完成，必須依賴淑玲的幫忙，再加上右側肢體癱軟根本無法行走，所到之處都必須藉由輪椅，讓邱先生的生活變得非常不方便與難堪。

跟其他無數的小家庭一樣，淑玲忙著養育一雙上小學的兒女。她在邱先生創業的公司負責財務跟行銷，創業維艱，她還記得公司曾面臨掉進谷底的生存關卡，投資者的錢沒有進來，當時，她只有兩個選擇，一是讓公司倒閉，二便是掏出自己的信用卡。

她咬緊牙根、慢慢撐過那段完全不敢看信用卡帳單，每個月只能付利息的日子，好不容易盼到公司業務起色，邱先生卻無預警倒下，現實逼淑玲沒有時間傷心，她必須一肩扛起母親、妻子、公司經營者的角色。

進食更衣、上廁所擦屁股、刷牙擠牙膏等這些原本看起來再簡單不過的日常小事，對邱先生來說卻都做不到也做不好。邱先生常臥床，就算偶爾想自行坐起下床活動也辦不到；用餐更常因身體無力不慎打翻飯菜，幾次下來挫折感不斷，便把氣出在太太淑玲身上。

在家照顧邱先生一個多月下來身心俱疲，淑玲才意識到這不是咬緊牙根就能撐過去的狀態，現實不容許她在這個時候倒下，若連她也倒下了，他們的家庭與公司就可能會因此分崩離析。

在公司同事的介紹下，淑玲得知有提供居家照護服務的網路預約

平台，能依她的照顧需求、服務時間等條件，篩選合適的照服員，最終找到了小陳。

　　預約服務前，淑玲用網路平台的傳訊功能跟小陳詳細溝通邱先生的病況，讓小陳可以在初上工之日很快地掌握到邱先生的需求，由於邱先生自尊心強，很多事情不見得會表達出來，需要定期注意邱先生的表情判斷是否要換尿布，又例如刷牙時注意不能太大力不然會傷到牙齦。所幸小陳非常注重細節，像是洗完澡要把地板弄乾、邱先生的用餐習慣是喜歡先吃肉最後再吃飯，所以要先夾肉給他吃等等，一切都盡量和淑玲過去照護邱先生時的習慣維持一致，甚至做得更好。

　　小陳也陪同邱先生回醫院複診，並預約下次復健時間，結束後仔細地將醫囑、衛教單護理向淑玲說明。為了讓邱先生產生信任感，小陳會在陪伴復健的時候鼓勵邱先生，或聊聊邱先生有興趣的商業話題和新聞，幾次服務下來，淑玲覺得邱先生的情緒狀態明顯愈來愈好，自己的壓力也減輕不少，有更多的時間安排公司管理及養育兒女，慢慢地找回對生活的主控權。

　　而邱先生在小陳細心的照顧下，病情慢慢好轉，小陳透過邱先生有興趣的話題，鼓勵他表達，增加邱先生想要進步的動力，從發病後的口齒不清，到了現在已經進步到能簡單的口語表達。接下來要面對的是漫長的復健之路，但有了小陳這樣的神隊友，淑玲相信這些苦痛終會過去，未來還是值得期待的。

孝心不用耗盡全力，巧妙陪伴中風老爸

「父親中風後的第二百天，天氣晴。很好的天氣，風光明媚，但這些好像都與我無關了。等等還要幫父親盥洗、準備早餐，等臨時看護來家裡，出發去公司，下班回來繼續接手，準備晚餐，洗澡，刷牙，父親好像在慢慢變好，但我好像不是……」這是旭霖（化名）的日記內容。

一年冬天，母親無預警病倒離世，還在悲痛中的父親某天正要起床，卻發現身體不聽使喚，就醫後確定是中風，旭霖無法理解，父親一生不菸不酒，怎麼還會中風？由於旭霖仍須工作的關係，便找了醫院看護協助父親，而自己則在下班後過去陪伴。

但出院後才是辛苦的開始，為了確保可以照顧好父親，旭霖事事親力親為，他甚至開始寫日記紀錄，從一開始洋洋灑灑可以寫滿 2 頁，各種生活雜談、趣事，到後來，內容只剩下無助、無奈與無力。

日子並沒有因為時間推移而變好，旭霖爸爸因為喪偶之痛的打擊太大，整個人失去對生活的熱忱，但旭霖的工作有時候需要進辦公室開會，這種情況並不少，旭霖就必須找人來陪伴父親，但每次忙完回家，父親總會向他抱怨請來的照顧者不是在滑手機，就是午覺睡得比他還久、還熟等等。

為了要讓父親得到更好的照顧，旭霖上網查資料換了許多家人力看護公司，卻仍然沒有一間能讓父親滿意，直到有一天，旭霖偶然在手機上看見了別人使用「第三方短期居家照護媒合平台」預約照服員後

的感想，當下旭霖彷彿抓到救命的稻草般，趕緊上網查找相關資訊，並透過網路平台預約了下週三天的服務，他還提前使用平台的傳訊功能告訴照服員該注意什麼。

約定好來家裡服務的第一天，旭霖注意到照服員比原定時間提前 5 分鐘來到家裡，進門前，照服員從自己的包包中拿出室內拖鞋，並讓旭霖帶著他去認識父親及家中環境，除了交代注意事項時，照服員十分專注地聆聽旭霖爸爸的狀況，讓旭霖感到安心，交代完後便去上班了。

當天回家的路上，旭霖帶著忐忑的心，做好要聽父親連番抱怨的準備，沒想到父親這次什麼抱怨都沒有，他關心地詢問父親今天的狀況，只見父親點點頭表示今天都好，旭霖鬆了一口氣，久違地笑了出來。

因為中風旭霖爸爸失去部分語言和運動功能，從最基礎的日常活動開始，照服員仔細幫助旭霖爸爸穿衣、洗臉、刷牙等。也許是因為喪偶，旭霖爸爸也經常情緒低落，對外界會回應得比較緩慢，因此當他覺得寂寞或者難過時，照服員會耐心地聆聽他的話語，並試著以陽光和積極的態度來回應。

經過幾次接觸後，照服員除了協助旭霖爸爸進行復健訓練，也建議旭霖預約物理治療，同時和醫師、復健師一起制定旭霖爸爸的治療計畫，過程中，照服員全程陪伴與支持，鼓勵旭霖爸爸努力達成目標。

「您的父親今天狀況都好，已吃過飯、洗澡，散步，他今天看著家後面的籃球框許久。」

「伯父今天中午跟晚餐都吃得很好，散步時，停在公園看人打籃球一陣子。」

「令尊今天精神狀況不錯，下午還特別指定要去看人打籃球。」
旭霖想起小時候喜歡父親陪伴自己打籃球，也許打籃球可以成為父親

好好復健的誘因，旭霖這樣想著。

「爸，你還記得小時候我們常打籃球嗎？」旭霖小心詢問。

「記得啊！希望有機會可以再打場籃球。」陳爸爸回應。

「其實只要好好復健，是有機會能做到的，我也希望能再跟爸爸一起投籃！」旭霖鼓勵著父親。

照服員定期回報旭霖爸爸的狀況讓旭霖在工作之餘無需擔心，也在飲食上特別注意他的營養攝取，並提供一些意見，指導旭霖在其他時間照顧父親時需要小心的事項。也許是旭霖爸爸的精神狀態愈來愈好，又或是復健的成果讓旭霖爸爸重新燃起對生活的熱情，某天旭霖下班回家，看見父親在籃框下嘗試投籃，雖然動作僵硬，但他還是忍不住濕了眼眶。照服員提到陳爸爸經常與他談天說地，討論關於籃球的議題，於是今天下午刻意繞到球場詢問旭霖爸爸是否願意投籃看看。

有了照服員的溫暖陪伴，旭霖爸爸感受到幸福和安心，也間接影響旭霖回到家後的心情，現在旭霖下班回家，不再像過去扛著龐大壓力，心理也愈來愈健康。

◆

陪伴是一條漫長且辛苦的路，除了用心、盡力，旭霖也不能忘記要喘口氣，有了居家照服員的幫忙，讓旭霖好像多了一個夥伴，當照顧者的生活品質得到提升或轉變，才能是陪伴家人照顧家人的長久之策！

STORY 32

從流沙中年，到下流老人

「正揚（化名），怎麼這麼突然要辭職？」李經理問道。

「經理，真的很抱歉，我爸爸前陣子診斷出肝癌末期，非常需要人照顧，我身為長子責無旁貸，在最後這段時間必須陪著父親。」正揚無奈地說。

「你的表現不錯，明年有機會升副理，現在辭職不但可惜，對公司也是一大損失。有可能請假或是請人幫忙嗎？」李經理感嘆道。

「雖然醫生說這個狀況大都不會拖太久，但誰也說不得準，我若請假又無法有明確時間，對公司也會造成困擾。如果事情過後公司還有需要我，我會很願意再為公司效力。」正揚這麼回道。

正揚是位資訊工程師，四十出頭未婚，為家中長子。出社會之後他一直是家中的支柱，爸媽年歲漸大，也從南部搬來新竹跟正揚同住。正揚收入不錯，其實要請人照顧爸爸並不難，但是在請人之前必須要處理複雜的手續以及其他各種擔憂，這讓工作略為繁忙的正揚也實在是抽不出空閒的時間。

像正揚這樣，因家人生病而影響工作，甚至辭職的例子，從勞動部 2010 年「國民長期照顧需要調查」中可看到，截至 2015 年台灣全國就業人口數約 1153 萬人，「因照顧生病家人受到影響者」占其中的五分之一，即約有 231 萬人；並且，「因照顧減少工時、請假或彈性調整比率」每年約有 17.8 萬人，「因照顧離職者」每年也約有 13.3 萬人。另一份資料則顯示，全台約有 76 萬名失能、失智老人及身心障礙

者，其中有近六成仰賴家庭獨力照顧，未使用長照資源或聘僱外勞，而家庭照顧者平均照顧時間更長達近十年。

辭掉工作返家照顧，損失的除了照顧者原有的薪資，還包括未來退休金。雙薪家庭或許能勉強支撐，但完成照顧家人的工作後，若要重回職場，面臨的又是另一項問題。長期失業不單是家庭財務受影響，許多案例顯示，精神心理層次的打擊絕不亞於經濟損失，甚至連婚姻都淪為祭品。

更可怕的是長照支出，因為不知道要照顧幾位、要照顧多久時間，同時照顧兩位以上家人或照顧長達二、三十年者，大有人在。照顧一位臥床長輩每個月的支出，推估約 3 萬元到 7 萬元。因此保守估計，一位長輩倒下，每個家庭每月要多支出 3 至 4 萬元，以平均照顧十年計算就要近 400 萬元。

目前，就有許多中年人，為照顧年老退化失智的雙親、或是先天身心障礙的子女辭去工作失去收入，加上龐大的醫療費用支出，讓他們從中產階級跌入貧窮。另一群「踩著貧窮線的中產階級」，他們在四十到六十歲之間，是所謂的的三明治世代，在經濟狀況不穩定的情況下，要撥出時間和金錢照顧家人，這些人可能因為擁有房產等條件，未被納入低收或中低收入戶範圍，即使生活貧窮，也得想辦法自力救濟，如同陷入流沙漩渦中載浮載沉，成為「流沙中年」。

在台灣高齡化、失能人口增加趨勢下，「照顧貧窮化」正在蔓延。照顧家人而淪落失業與貧窮的「流沙中年」，而後就可能成為日本社會中，所謂又老又窮的「下流老人」，那將是不堪想像的情境。

這個社會危機，除了政府長照政策關切，許多企業也投入資源一同解決，第三方短期居家照護的網路預約平台正是因應此背景而發展，試圖藉由科技的方法，扭轉原先照護不便、人力失衡的問題，更

希望透過因應許多不同的家庭狀況與需求，盡可能使照顧與工作兩者平衡，讓職涯不中斷。

幾天後正揚的老闆介紹了網路上關於居家照護預約平台的資訊給他，老闆跟他說像他這樣有短期照護需求的人非常適合使用此資源，並且利用此服務正揚便不需要離職了。

正揚搜尋過後，發現網路上的確能找到具備專業知識與技能的照服員，預約了其中一位之後，照服員很快的就透過網路平台的傳訊功能與正揚聯繫，並且跟正揚確認了爸爸的情況。在照服員來到家裡後，親切的她也讓陳爸爸放下了戒心，甚至是陳爸爸的心情上都有很大的改善，許久不見的笑容終於展露在臉上。

照服員會密切關注陳爸爸包括疼痛、呼吸、消化和排泄等問題；協助陳爸爸的身體做一些簡單的運動；協助緩解陳爸爸的疼痛與不舒服並且給予陳爸爸心理上的支持，讓陳爸爸不再悶悶不樂。

現在正揚白天只需要操心工作相關的事情，至於照護爸爸的工作，正揚已經十分的相信照服員，因為照服員每天也會勤勞的跟正揚彙報爸爸的狀況，這讓他安心並能投入更多到公司以及新的職位。

陪伴妹妹抗癌路，女強人不再孤單無助

分身有術的新孝道

　　事業順利的美娟（化名）一直覺得自己很幸運，雖然選擇單身但經濟自由，生活也自由自在。可是自從去年美娟的妹妹美玲（化名）檢查出大腸癌後，姊妹倆就陷入了巨大的恐慌之中。

　　美玲難過地對姐姐美娟說：「我走了就走了，但我真的捨不得也要把你拖下水。」

　　由於父母走得早，美娟、美玲姊妹一直相依為命，直到美玲結婚。身為事業強人的美娟雖然沒有結婚，但一個人生活過得也還算不錯，美娟在公司裡負責對海外市場開發，偶爾也會需要出差，妹妹美玲婚後仍跟美娟在同一個縣市裡，休假時常一起出門感情依舊。

　　可惜的是美玲的婚姻並不幸福，老公外遇以離婚收場，後來她搬來與姐姐美娟同住，兩人又回到以前相依為命的日子，美娟還清楚的記得姐妹倆促膝長談，妹妹美玲抱著自己痛哭：「姐姐，我只剩下你了，你千萬別丟下我。」

　　兩姊妹的生活雖然平淡但也溫暖。直到美玲去年身體出現異狀，剛開始只覺得是胃腸出了點毛病，到醫院檢查後，才發現她已經罹患第三期的大腸癌，兩個加起來超過百歲的女人面面相覷，聽著醫生述說往後治療的問題完全不知所措，但已經沒有時間讓她們憂傷，在美玲茫然的眼神中開刀的時間很快就敲定了，醫師說只要腫瘤切除乾淨，配合後續化療，術後還是會有很大的機會康復。

　　在手術室外等了四個小時，美娟心中不斷地祈禱，希望一切能夠

順利，終於在第四個小時手術室的警示燈暗了下來，醫師走出手術室對她投來微笑，當下懸著的心終於放下，美娟癱軟在椅子上，淚水也滴了下來，醫師跟美娟說：「手術很成功，但後續的治療與照顧一樣很重要，所以現在還不能鬆懈。」

根據醫師的說法美玲的病情仍需要花費半年到一年的時間來治療，而美玲因為切除部位較多，要另外做腸造口（人工肛門），往後無法和一般人一樣正常排泄，在照顧上就得注意很多事情，除了例行的清潔、更換等狀況，還要注意她活動時有無影響到造口，以及平常可能出現的其他異狀等，而且做了腸造口，在飲食上也有諸多規定與禁忌。

這一年多來，妹妹美玲雖然逐漸習慣了抗癌的生活，但心情仍無法恢復，夜深人靜時她總會偷偷哭泣。而姐姐美娟也在不斷的學習如何能夠更好的照顧妹妹，由於有時候她還是有工作需求，或甚至要出差到外地，若要留美玲一個人在家美娟很不放心，原本以為可以去申請政府長照的喘息服務，但去辦理時發現，美玲的狀況並不符合條件。

還好，同事知道姐妹困境後告訴美娟，可以利用網路上的短期居家照護預約平台，根據個別需求找到合格的照服員，預約時先跟他們說明美玲罹患大腸癌需要特別的照顧，專業照服員會知道美玲需要用怎麼樣方式以及需要注意事項，例如美玲每天需要服用哪些藥物，藥物的劑量和服用時間，以及如何處理美玲可能出現的副作用和不適，照服員們都有相關的專業知識。

幾次預約服務下來，姐妹倆和照服員們也漸漸熟了起來，美娟選擇了其中兩位郭小姐和黃小姐，和她們談好每月可能固定需要提供服務時間。兩位照服員每次來，除了會根據美玲的狀況和需要，提供專業的照護，例如幫忙測量體溫、血壓和血糖，監控藥物的劑量和服用

時間，也會適時提醒美玲需要補充水分或進食。更會協助美玲進行輕度的運動和按摩，避免身體因為恢復期久不動產生的僵硬和萎縮。而如果美玲出現不適或疼痛，兩位照服員也會根據醫囑協助記錄美玲的需求，依照狀況使用疼痛藥物或按摩緩解症狀，同時分享照護經驗給姐姐美娟。

有了兩位照服員的細心和專業，美娟美玲姊妹倆都很放心，對美娟來說，最方便的就是時間很彈性，除了原先和兩位照服員設定的時間之外，偶爾美娟臨時需要外出的時候，只要在前兩天預約，也幾乎都可以找到人來幫忙，這讓她能夠抽出心思去處理工作上的許多事情。雖然每次預約的人未必相同，但同樣的都非常專業，每一位照服員都具有執照，只要跟他們稍微溝通便能馬上了解美玲的各種需求，也都知道該準備給美玲哪些合適的食物。

時間久了，美娟也認識了好幾位照服員，不僅跟他們交流了很多的照顧心得、抗癌的觀念，也讓美娟能繼續在工作與妹妹美玲之間達成平衡。由於有了這些助力，美娟陪伴妹妹美玲抗癌時，不再孤單徬徨，也有了喘息的空間，生活步調不再像以往那麼緊繃。除了熟知各種抗癌知識、身體力行外，她也能追求身心靈的平衡，姊妹倆一起對抗病魔。看到妹妹美玲抗癌每一階段都更進步一點點，姊妹倆都感謝上天，也都覺得生命中的陰霾終於漸漸散開，陽光重新照了回來！

聰明利用照顧資源

　　台灣預計 2025 年進入超高齡社會，老年人口比例將不斷攀升，估計至 2039 年將超過 30%，至 2070 年時更將高達 43.6%。

　　根據 WHO 估算，人類長期照護需求約為 8 至 10 年，而台灣本國人長期照護需求平均約為 7.3 年，男性平均需要 6.4 年，女性平均需要 8.4 年。隨著高齡社會的持續發展，長期照顧需求將成為一項重要挑戰。

　　而根據中華民國家庭照顧者關懷總會的調查，家庭照顧者以女性居多，約佔總數的 70%。年齡層方面，51 至 60 歲的照顧者佔比最高，其次是 41 至 50 歲，而總計年齡超過 61 歲的照顧者則也佔了約 2.5 成。至於平均照顧時間為 9.9 年，每天平均照顧時長達 13.6 小時。

　　不僅如此，長期照顧的負擔更會對家庭照顧者造成心理和生活上的困擾。據統計，令照顧者感到沮喪的主要原因包括失去自己的生活（佔 28.3%）、工作與照顧難以兼顧（佔 21.5%）以及經濟困難（佔 20.3%）等。

　　家庭照顧者在照顧家人的過程中承受著各種壓力和負荷。這些壓力來自多個方面：

1. **身體方面，**長期的照顧工作可能會給照顧者帶來身體上的負擔，包括長時間的站立、彎腰、抬重物等，容易導致體力不支和身體不適。

2. **心理方面**，照顧者常常會面臨情緒上的負擔。看到被照顧者的疾病或衰老狀況，可能會引發焦慮、壓力、甚至憂鬱情緒。長期的照顧壓力還可能導致燒燙或精疲力竭。

3. **工作方面**，家庭照顧者需要花費大量時間和精力在照顧工作上，這可能會影響他們的工作表現和事業發展。有些照顧者可能不得不減少工作時間或放棄工作，造成經濟上的壓力。

4. **社交方面**，由於長期的照顧工作，照顧者可能無法像以前那樣積極參與社交活動，與朋友和社會脫節，感到孤獨和孤立。

5. **經濟方面**，長期照顧所需的花費可能會給家庭照顧者帶來經濟壓力。支付醫療費用、購買藥品和照顧用品等開銷可能對照顧者的財務狀況造成影響。

6. **家庭關係方面**，長期的照顧工作也可能對家庭關係產生影響。照顧者可能會與其他家庭成員產生矛盾和摩擦，尤其是在照顧決策和負擔分配方面。

　　家庭照顧所可能面臨的新風險在台灣日益凸顯。根據行政院主計處的統計數據截至 2022 年，全國就業人口約有 1141 萬人，其中因照顧受到影響的人數約佔五分之一，約 231 萬人。每年約有 17.8 萬人因照顧而減少工時、請假或彈性調整比率，另外約有 13.3 萬人因照顧而不得不離職。

　　這種情況下，家庭照顧所帶來的經濟壓力也相當巨大。根據估算，每個家庭每月需多支出 4 至 8 萬元用於照顧相關的費用，而長期照顧持續約 10 年的時間，計算下來每戶家庭需支付近 800 至 1000 萬元。

　　因此，家庭照顧者在照顧家人的過程中可以利用多種社會資源來獲得支持和協助：

- **醫療系統**：可向出院準備服務小組、醫療社工單位和安養護理資源詢詢問相關照顧資訊和支援。

- **衛政系統**：衛生局和長期照管理示範中心提供長期照顧政策和資源，身心障礙手冊核發提供相關福利和支援，喘息服務提供短期的照顧休息。

- **社政系統／經濟扶助**：社會局二科、三科、四科、區公所、社會課、民政課提供社會救助、老人福利、身心障礙相關的經濟援助。

- **老人福利**：長青綜合服務中心提供老人日托、文康活動等服務，居家服務和餐飲服務提供照顧支援，老人保護專線和老人照顧管理中心提供專業諮詢和照顧方案。

- **身心障礙福利**：臨時暨短期照護和家服務提供身心障礙相關的照顧支援，復康公車提供交通便利。

- **慢性療養機構**：私立療養機構、護理之家、安養中心、日間照顧提供長期照顧的專業場所。

- **個案工作人員**：提供照顧資源的連結和情緒上的支持。

- **家庭照顧者關懷協會**：支持團體、照顧技巧訓練班、家庭照顧健康生活講座、老人照顧工作坊等提供支持和交流的平台。

- **其他團體**：宗教、朋友等也可能提供照顧者情緒支持和社交連結。

這些社會資源對於家庭照顧者來說是非常重要的，可以幫助他們更好地應對照顧的挑戰，保持身心健康，並提供更好的照顧服務。

接著，一起來認識長照 2.0，首先申請長照服務的步驟如下：

◆ **向當地長期照顧管理中心申請表格填寫**：諮詢申請長照服務的相關資訊，並將申請表格填寫完整及附上「必要的證明文件」。

◆ **照管專員及長期照顧管理中心審核評估**：照管專員會依據您的照顧需求和相關情況進行評估，並審核確認您是否符合長照服務的資格條件。

◆ **確認結果**：等待審核結果，通常需要約七個工作天左右。

◆ **等候時間**：一旦申請成功，可能需要等待 1 至 2 週左右才能正式啟動長照服務。

要怎麼申請長照服務？

親自洽詢當地照管中心

長照服務專線 **1966**

醫院出院準備服務

照管專員到府評估了解您的長照需要

與您討論長照需求擬定專屬照顧計畫

取得長照服務

- 評估後，確認失能等級與照顧問題清單，給予長照使用額度

- 與個案管理師（或照管專員）討論需要的照顧
- 服務項目、內容及時段個案長照需求改變時也可更改照顧計畫

- 與您只需負擔部分費用，就可取得所需服務
- 照顧過程如有突發狀況可與服務單位討論調整服務內容

而長照 2.0 服務對象主要包括 5 類，**失能身心障礙者、50 歲以上失智症患者、日常生活需他人協助的獨居或衰弱老人、65 歲以上失能老人以及 55 歲以上失能原住民。**

至於長照 2.0 的支付內容主要涵蓋以下 4 種，以支持特殊需求者獲得長期照顧：

長照2.0的支付內容有哪些？

1. 照顧及專業服務
包括專業護理、醫療照護、身心障礙服務等，例如，提供護理人員、社工人員、職能治療師等專業人員的服務，協助照顧對象進行日常生活活動，提供身心健康支援。
依失能等級每月給付 1,020-36,180 元

2. 交通接送服務
包括接送照顧對象前往醫院、療養機構或社區活動。
依失能程度及城鄉距離每月給付 1,680-2,400 元

3. 輔具及居家無障礙環境改善服務
為照顧對象提供相關輔具和設備，例如輪椅、助行器、沐浴椅等；同時，也提供居家無障礙環境改善服務，例如改裝浴室、安裝扶手等，提高居家安全性和便利性。
每 3 年給付 40,000 元

4. 喘息服務
讓家庭照顧者得以暫時交付照顧職責，以減輕照顧負擔，並確保照顧對象能夠持續獲得適切的照顧。
依失能等級每年給付 32,340-48,510 元

長照 2.0 確實提供了許多照護資源，能夠幫助許多家庭減輕部分負擔，但並不代表其涵蓋所有照護需求。長照 2.0 通常是針對「特定對象」提供長期照顧服務，在身分上有諸多限制，也須經過審核等漫長的等待時間。然而實際需要照顧服務的高齡者可能更多，也有的家庭

需要的是即時性的照顧服務，因此在照顧服務的選擇上也可以考慮更為彈性的居家照護服務。

並且，行政院也於 112 年核定「高齡科技產業行動計畫」，以更加全面的考量高齡者及家庭照顧者的需求。其計畫主軸之一「推動市場經濟」中，更鼓勵照護媒合平台的發展，重視照護服務與照護需求之間能迅速對接。

因此，接下來要了解如何適當的應用照護媒合平台所提供的居家照護服務。首先，針對「是否需要居家照護服務」進行評估，這取決於不同個人的家庭情況，以下提供 5 種評估指標：

1. 長期需要他人陪伴的身心障礙者、失智症患者、慢性精神病患、智 能障礙者、自閉症者。
2. 出院後仍需有人照顧的病人。
3. 生活嚴重失能者，無法自理生活。
4. 家庭照顧者因過度勞累而需要喘息照護服務。
5. 長期照護交接的空窗期，需要照顧的連續轉換。

最後是認識居家照護媒合平台的選擇，以優照護為例，能隨時提供便利預約的居家照護服務，讓你找到最符合需求的照護人員，包括不同專業的照護人員，護理師、物理治療師、職能治療師、照顧服務員、藝術輔療師、營養師。

　　透過居家照護媒合平台，不僅更能有效地滿足高齡者的照護需求，也提供更個人化的照護服務，同時還能即時緩解家庭的照顧責任，並且家庭能彈性選擇照護時間，而不必擔心支出費用難以負擔，是現代高齡家庭應當納入考量的照顧資源。

台灣照護的困境：從全球老化觀看在地老化

第 9 章

全球共同難題

根據聯合國所發布的《2022 年世界人口展望》報告，預計到 2030 年，全球人口將增長至 85 億人，並在 2050 年達到 97 億人。與 1968 年史丹佛大學教授埃里希所預測的「人口炸彈」導致大規模飢荒的觀點不同，人類現在面臨的是人口老化的危機。

而依聯合國預測，65 歲以上老年人口將從 2022 年的 10％增長到 2050 年的 16％，到那時，65 歲以上人口將是全球 5 歲以下幼童人口數的兩倍以上。此外，人口老化伴隨著人均壽命延長。1990 年至 2019 年間，人均壽命增加了 9 歲，2019 年的平均壽命為 72.8 歲，預計到 2050 年將達到 77.2 歲。

另外，在今年中，優照護與銘傳大學財務金融學系，共同發布了《2023 高齡照護金融大調查白皮書》，當中則發現身為家庭照顧者的填答者中，35 至 54 歲即佔了六成。此群身為以往所說的「中年族群」，不僅承擔著照顧子女的責任，還要負責照顧日漸年邁的父母。同時，這群人也作為社會上最主要的勞動力來源，為關鍵世代。

❀ 三明治世代的問題

回推至 1981 年代，「三明治世代」（Sandwich Generation）一詞就已出現，因當時有許多美國人同時背負著照顧孩子和高齡父母的雙重責任，而被稱為三明治世代。現今台灣，30 歲以上成年人的家庭中，

也常遇到為了平衡多項照顧職責，隨之而來對其心理、生理、就業和財務各方面造成影響。

然而，多重的角色讓這個世代的族群，在工作中經歷更多的壓力和曠職的危機，也因此對休假福利、工作與家庭平衡的滿意度較低。再次從《2023 高齡照護金融大調查白皮書》中可以發現，女性填答者佔了七成，並且其原因推測為多數情況下，仍由女性擔任家庭中的照顧者，這也相呼應到與男性相比，女性工作缺勤率更高的事實。

國外調查中也顯示，需同時兼顧工作與照顧責任的三明治世代，通常會以離開勞動市場、或減少他們的就業時間，作為因應照顧壓力的方式。這暗示著三明治世代既沒有太多的時間享樂，更沒有「追求自我」的本錢，只有在生活與經濟之間被壓得喘不過氣的窒息感。

鄰近台灣的日本苦於人口高齡照護問題更久，根據日本厚生勞動省發布的《高齡社會白皮書》所估計，到了 2025 年，65 歲以上的人口將佔日本總人口的 30%，75 歲以上的人口佔日本總人口的 18%，日本老年人口數將高達 2180 萬人。

在這個快速老化的社會中，無法自理的年長親屬愈來愈多，承擔照顧的壓力自然落在家人身上。明治安田生活福祉研究所的調查，22.6% 的男性和 20.6% 的女性上班族認為，只有自己能夠協助照顧家人，9.7% 的員工表示同時照顧家人和工作會非常困擾，而有高達 16.5% 的受訪者表示因為要照顧家人而辭去工作。其中，女性在照顧方面所承受的壓力更加嚴重，13.5% 的女性認為平衡照顧工作和職場會造成精神緊繃。

此外，該調查從已經離職的照顧者中，發現過半數者表示他們投入了大量的時間在照顧工作上，而未能有自己的時間。這表明，離職雖然暫時解決家人無人照顧的擔憂，但長期來看，並沒有減輕身心壓

力的效果。

　　而再細探究家庭照顧者的壓力，又可整理出六個面向：身體、心理、工作、社交、經濟和家庭關係。「身體」負荷包括無法充分休息、睡眠中斷、疲勞累積和照顧傷害等。「心理」負荷涉及焦慮、擔憂、挫折、無力感和憂鬱等複雜情緒問題。「工作」負荷方面如同前述，照顧需求可能導致請假、減少工時、影響升遷，甚至不得不離職。「社交」負荷則包括沒有時間參與休閒活動、缺乏社交互動，與親友的聯繫斷裂，導致愈來愈孤立。「經濟」負荷指離職而失去工資收入，且退休金也隨之中斷累積，使其在未來面臨貧窮風險。「家庭關係」負荷包含溝通困難、照顧意見不合、分工不均等情況，使家庭關係破裂。

　　日本的照顧者協會理事長也曾分享自己從上班族變成照顧者的經驗，她不得不花用父母或自己的存款來度日，感到心力交瘁。她也感受到沒有人可以傾訴的孤寂感，同時更因面對身體狀況無法改善的被照護者而產生內疚感，懷疑自己是否做得夠多、夠好。

　　台灣人口高齡化引發的照護壓力也不遑多讓，根據台北市 108（2019）年度《老人生活狀況調查報告書》，台北市六十歲以上的長輩中，有 41.2% 屬於二代家庭，23.9% 僅與配偶（同居人）同住，約 6.3% 是獨居老人。特別是七十至七十四歲的高齡者中，僅與配偶（同居人）同住的比率最高，達 31.4%。以上數據顯示高齡者的居家照顧安排可能要依賴同住子女，或甚至因子女不一定同住，而只有配偶（同居人）能夠隨時協助的情形，這可能導致子女因照顧責任，需要在不同地點奔波，增加身心壓力。

　　台灣勞動部 2015 年估計，1153 萬就業人口中約有五分之一（231萬人）受到照顧責任的影響。離職照顧對個人而言造成薪資損失、影響生涯規劃及其他社會保障，對企業而言失去熟練勞動力，對國家而

分身有術的新孝道

言可能需要為弱勢照顧者提供經濟支援，可謂「三輪」。

✿ 照顧離職的風險

　　日本政府近年欲提高公眾對高齡照顧的認識，使大眾意識到照顧離職的風險。政府與企業研商照顧休假制度，希望在 2020 年實現「零照顧離職」以減輕家庭和照顧者的擔憂，除了發展照顧服務，其中改善職場環境也是必要的。然而，目標與現實之間存在差距，可能因國情文化，實行照顧休假的企業雖有受益者，但真正請長假的人數不多，推測為對長假的疑慮和工作分擔的困擾有關。

　　日本政府推出了「介護休假制度」，最長可達 93 天，並為落實該政策的企業提供資金補助。根據制度設計，企業要向需請假照顧家人的員工提供「介護休業補助金」，計算方式基本上是員工的日薪乘以休假天數的 67%，也就是員工請假照顧家人期間能獲得三分之二的薪水。此外，在照護休假天數用完後，還有縮短工作時間、在家工作等配套方案。

　　然而，實際申請的人數卻不到 10%！進一步調查發現，問題出在日本的企業文化上：高工時和多加班的勞動風氣讓照顧者面臨面子上的壓力，很難提早下班，更別說開口請假。許多男性因擔心請假會影響晉升機會，而把照護責任推給妻子，這也加劇了女性在職場中的不平等待遇。

　　以日本的經驗作為前車之鑑，僅用預算補貼也很難遏止高齡化社會的照護困境。亞洲文化中有著需要家人親力親為照顧才算「孝順」的隱性觀念，長輩也多以能留在家被照顧為理想。現代家庭與長輩同住者減少，辭職回老家照顧長輩不僅失去收入，還影響照顧者未來的

生活規劃與身心健康。且由於平均照顧時間長達八至九年，中年照顧者接手照顧工作後，等到長輩離世時自己也已年長，再找工作將變得困難。

這不僅是家庭和國家的損失，更可能發展成惡性循環。少子化已成事實，未來高齡者的照顧安排可能無法依賴家庭後援，愈來愈多的獨生子女也可能因獨自承擔照顧父母的負擔，而不得不離開職場，照顧離職危機將可能進一步擴大。

面對全球性社會結構問題及其導致的社會氛圍轉變，此問題不再視為個人家庭困境。美國勞動部調查顯示，79% 的雇主提供帶薪休假、老年人日照中心、照顧津貼等福利。台灣政府也開始制定相應政策，期望應將父母納入加給失業給付和訓練生活津貼之受扶養範圍，正視職場照顧者比例上升的現況。並且，照顧離職因對社會將造成負面影響，需要更多產業參與，一同解決此問題的循環。

然而，現行制度依舊趕不上實際需求，政府需要完善制度並讓更多企業正視照顧離職的影響，透過探索與發展其他照顧選擇，使照顧者能在工作和照顧長輩間取得平衡。

❀ 台灣的老齡化速度領先全球

根據內政部截至 2018 年的統計，台灣六十五歲以上的長者在總人口中的比例已達 14%，正式進入聯合國所定義的高齡社會（Aged Society）。預計到 2025 年，這一比例將超過 20%，成為聯合國所定義的超高齡社會（Super-Aged Society）之一。與其他主要國家的老年人口比較，從 2020 年開始，我國的老年人口占比一路攀升，預計到 2050 年後甚至將超過歐美國家許多。甚至到 2070 年時，老年人口將占約

40%，成為老年人口比例最高的國家之一，顯示出台灣人口老化速度驚人。

扶養負擔是衡量社會經濟負擔程度的指標，以年齡劃分勞動人口與依賴人口。其中，十五至六十四歲視為具生產力的勞動人口，0 至 14 歲幼年人口和六十五歲以上老年人口視為依賴人口。

以國家發展委員會的估計為例，隨著幼年人口減少和老年人口增加，扶養比（扶幼比＋扶老比）已於 2012 年達到最低點 34.7。而在 2022 年時，單扶老比的數值已達 24.9，預計在 2070 年將急劇上升至 91.3。2022 年大約每 4.0 位生產者負擔 1 位老年人口，但到了 2070 年預計將減少到每 1.1 位生產者需負擔 1 位老年人口。

老化速度快導致失能上升和相關疾病增加，雖然醫療能解決疾病問題，但無法解決照顧問題。而若將照護與醫療放在一個雙極模型中（如圖一），則可以更清晰地理解兩者的差異。

醫療
急重難症緩解

照護
生活品質（QOL）提升

⬆ 圖一 雙極模型

雙極模型的右上角代表照護，照護的三個要素為：被照護者、照護者、生活場景，其重點在於提高生活品質，也更注重營養和運動方面，避免頻繁進出醫院的情況。而左下角代表醫療，著重於醫院裡進行的急性重症治療。兩者的目標和性質都有所不同。

國外也有相關研究指出，照護是對於生活品質的提升。現代照護即是透過深入了解高齡者的需求與狀態，從而提供適當的支援服務，

期望達到高齡者能夠「自立生活」，以增加其生命品質時間、減少臥床時長為目標（如圖二），從而為家庭成員減輕照顧的壓力，這也將符合「新孝道」的觀念。

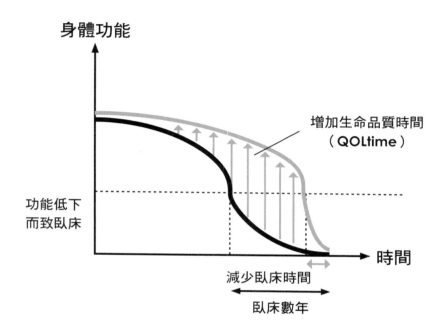

↑ 圖二 自立支援（照護）以增加長者生命品質時間

❀ 應在適當時機引入專業協助

　　《2020 健康國民白皮書》中提出了特殊族群議題，包括高齡族群的政策規劃，以活躍老化及預防失能為目標，並且訂定「衰弱及失能之防治」為優先監測指標。

　　而在日本和其他國家的社區照護文獻中，也提出衰弱期（失能前期）的照護應該是首要目標。事實上如圖三所示，不只是衰弱照護，

預防照護同樣也是需關注的重點，而這些照護服務則由自由市場的企業提供。

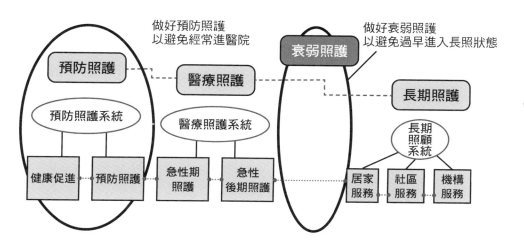

↑ **圖三** 健康照護反思

　　首先，預防照護是指採取預防措施，避免高齡者經常進入醫院。透過推廣健康生活方式、定期體檢、合理的飲食營養、適度的運動以及心理健康的關注，可以幫助高齡者維持良好的健康狀態，減少罹患疾病與身體功能衰退的風險。透過早期介入、提供必要的支持和資源，預防照護可以延緩長輩進入長照狀態。

　　其次的衰弱照護則是當長輩出現身體衰弱、虛弱或功能受損時，為其提供適當的協助與照顧，以幫助他們保持最大限度的自主性和獨立性。這可能包括提供居家護理、社區照顧、康復治療和社會參與等支持服務，提升長輩的生活品質，同時也以延緩長照需求的出現為目的。

　　綜上所述，**推動預防照護和衰弱照護的目的皆是為了避免高齡照護過度依賴長期照護的情況**，並將焦點放在促進長輩的健康自立上。

以下是幾個理由支持這種轉變：

其一，節省社會福利資源。長期照護需要動用社會福利資源，包括金錢、人力和設施等。然而，透過預防與衰弱照護措施，可以有效地減少高齡者對長期照護的需求，而能節省社會福利資源的使用。

其二，提高長輩的生活品質。透過預防與衰弱照護，可以幫助高齡者保持自主性和獨立性，延緩身體功能衰退的發生，避免過早進入失能狀態，而使他們能夠繼續參與社會和享受生活。這不僅有助於提高長輩的生活品質，更能促進他們在社會中的參與和貢獻。

同時，預防與衰弱照護也體現了尊重和關懷長輩的價值觀。傳統孝道觀念常使人們將高齡者視為需要被照顧的對象，「新孝道」則強調在提供高齡者支持與協助的同時，仍鼓勵他們保有自主生活的能力，以維持他們的自主權和尊嚴。

老年衰弱症的照護之道

更深入地談談「老年衰弱症」。台灣高齡社會中，很多高齡者即使沒有患上疾病，也常常處於一種身體衰弱的狀態，這種現象便被稱為「老年衰弱症」。

老年衰弱症是一種老化過程，特徵是**身體功能下降、耐力減弱，容易受到外界壓力的影響**。它是一個複雜的症狀集合，包括**肌肉力量減退、運動能力下降、疲勞、體重減輕、認知功能衰退和易感染等**。老年衰弱症不僅影響了高齡者的生活品質，還增加了跌倒、住院和死

亡的風險。

學者在過去有不同的定義。1994 年，Rockwood 等人認為衰弱是由多種疾病和功能障礙所引起，並提出了包含 70 種變項的衰弱指數（Frailty Index），用於評估身體多個器官系統的損害程度。根據衰弱指數的計算結果，可以預測未來失能的風險，並與死亡率有關。

在 2000 年時，Fried 等學者提出了另一個觀點，認為衰弱是一種特殊的生理過程，由於老化引起多個系統的不平衡，導致生理功能衰退，無法應對壓力源，最終導致功能急速衰退。

近年來，學者如 Franceschi 等人也另外提出了慢性發炎引起衰弱的假說，認為年長者體內的慢性感染或老化引起免疫系統失調，導致持續低度發炎。這種持續的發炎狀態會對新陳代謝、骨骼、肌肉、免疫系統和神經精神系統等方面產生不良影響，最終導致年長者進入衰弱狀態。

而年長者因老化導致肌肉減少，則稱為肌少症。衰弱與肌少症相關，表現為肌肉量和力量減少，活動能力下降，可能影響生活品質，因此衰弱也是居家照顧的重要風險因素。

總結來看，老年衰弱症的發展是一個漸進的過程，通常與老化、慢性疾病和營養不良等因素有關。那些長期患有慢性疾病的年長者，尤其是心血管疾病、糖尿病和慢性阻塞性肺病等，更容易出現老年衰弱症的症狀。此外，生活方式、營養狀態、心理壓力和社會支持等因素也與老年衰弱症的發生密切相關。

老年衰弱症對高齡者的影響是全面的。身體上，它使高齡者的肌肉力量減弱，日常活動變得吃力，容易跌倒和受傷。耐力的下降使得高齡者無法長時間保持活動，容易感到疲勞和虛弱。

此外，老年衰弱症還影響認知功能，包括記憶力、注意力和執行

能力的下降，可能增加失智症的風險。情緒上，老年衰弱症可能使高齡者感到沮喪、焦慮和自卑，影響他們的心理健康。

當高齡者出現老年衰弱症時，許多家庭可能會選擇全天候照護的方式。儘管這種照護方式在某些情況下提供了必要的支持，但也可能剝奪了高齡者的自立能力，從而產生負面影響。

全天候照護模式通常是為長期居住在照護機構或依賴外部照護者，而這也將使被照顧者失去自主做出選擇的權利，感到依賴和無助，並且他們的意見和偏好也可能遭到忽視。如若日常活動也過度依賴照護者，將使高齡者的身體活動水平下降，肌肉力量和耐力減弱，進一步加劇了老年衰弱症的症狀。同時，缺乏刺激和具有挑戰性的環境可能導致認知能力的衰退，增加罹患失智症的風險。

其次，全天候照護會增加高齡者的社交孤立感。雖然全天候照護提供了日常照料和監護，但長期居住在照護機構或依賴外部照護者可能使高齡者與家庭、社區的聯繫減少。缺乏社交互動和支持系統將會對高齡者的心理健康和情感幸福產生負面影響。

在衰弱階段的因應措施

高齡專家建議高齡者在社區或居家環境參與健康促進活動，如適度運動和營養補充，以延緩失能。美國運動醫學會建議高齡者每週至少累計 150 分鐘的中等強度以上身體活動，包括有氧訓練、阻力運動訓練、柔軟度訓練和平衡訓練。台灣的研究也顯示運動課程對高齡者的肌肉力量和體能活動有幫助。

歐洲國家的整合照顧計畫指出，高齡者的生活品質與照顧服務品質之間密切相關。家庭是基礎的醫療保健服務提供者，但家屬通常缺乏足

夠的知識和培訓，對老年衰弱症的照顧需求了解有限。照顧病人需要醫療知識和技能，例如藥物管理、應對病情、在家環境提供協助等。

因此，早期引入專業照護人員，強調以人為本的照護觀念，包括預防衰弱和老年病症的技能和能力，對於提供高品質的照顧非常重要。家人若缺乏專業知識和技能，不僅無法提供充分照顧，也會承受心理壓力。

❖ 長照與高齡照護的不同涵義

從前述中可以發現，由於高齡照護的範疇並不僅限於長期照護，因此兩者不能畫上等號。而台灣對長期照護對象的定義其實相當嚴格，僅有失能程度為身心失能已達或預期達六個月以上的個體，才能在社會福利中所獲得的相關照護。

相對而言，「高齡照護」則是一個更廣泛的概念，其涵蓋了衰弱、亞健康、健康等狀態下的高齡者照護。因此，也建議相關產業、機構在談及高齡照護相關服務時，應避免、減少使用「長照」這個詞彙，以免混淆和誤解。由於長期照護服務為國家責任（如圖四），國家社會福利機構應該發揮關鍵作用，確保高齡者和需要長期照護的人群獲得適當的支持和護理。政府和社會福利部門負責制定長期照護政策與法規，以確保服務的品質與可及性。此外，政府還應提供經濟援助、長期照護保險或其他支付方式，協助長者或家庭支付長期照護的費用。

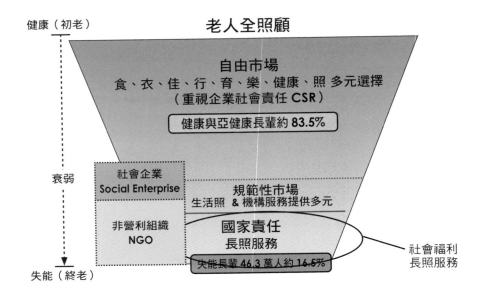

健康（初老）

老人全照顧

自由市場
食、衣、佳、行、育、樂、健康、照 多元選擇
（重視企業社會責任 CSR）

健康與亞健康長輩約 83.5%

衰弱

社會企業
Social Enterprise

規範性市場
生活照 & 機構服務提供多元

非營利組織
NGO

國家責任
長照服務

失能長輩 46.3 萬人約 16.5%

社會福利
長照服務

失能（終老）

↑ **圖四** 高齡照護市場區隔

　　因此從上述可知，以市場區隔的角度來看，長照也並不等同高齡照護。所以在高齡照護的範疇中，不僅是大家所熟知的長照需要關注，「短期照護」也是未來照護市場發展的趨勢之一。

　　總結而言，高齡者對照顧服務的需求包括醫療和照護兩方面。政府在長期照護方面扮演著重要角色，確保高齡者和需要長期照護的人們得到適當的支持和護理。主要針對預防照護及衰弱照護的短期照護服務，則由市場上的企業提供，以確保高齡者整個晚年生活的健康和福祉。

　　綜合運用各種服務來滿足高齡者的多樣化需求，其生活品質才能實際獲得改善，從而建立一個支持高齡者健康和快樂生活的社會環境。

❋ 先進國家都在為高齡化做準備，台灣呢？

英國在 2001 年通過了「高齡者國家服務架構」，提出了為期十年的高齡者照顧整合計畫；美國則在 2007 年提出了「2010 年健康人：全國健康促進和疾病預防目標」，其中也確保高齡者獲得整合性的健康和社會服務；日本更早在 1995 年制定了「高齡社會對策基本法」，其中包括制定「建立健康身體的環境設施，推動照護預防服務」等策略。這些先進國家率先思考社會高齡化後的照顧問題，希望在早期維持長者的健康功能，避免急速退化，並為照顧者提供支援，讓高齡者可以在熟悉的環境中繼續生活的同時，保持家庭的生活品質。

台灣面臨著老化快速上升的挑戰，即使受教育時間延長或退休時間延後，總扶養比仍逐年增加。雖然目前勞動人口比例仍處於高峰期，但預計到 2060 年，台灣將與韓國、日本一樣，成為年輕人口比例最低的國家之一。隨著人口老化、科技進步和醫療發展，台灣人的平均壽命也不斷延長，慢性疾病患者更是持續增加。

台灣的醫療進步可以應對疾病問題，但卻無法解決照顧問題。由於高齡者疾病趨向慢性化，未來的健康照護模式必須做出改變。但由於國內的長期照護機構、服務人力和財源機制仍普遍不足，因此各界對於國家應介入規劃的呼聲日益高漲，期望能有更完整的照護制度。

與此同時，台灣的照顧政策也常將家庭照顧者視為全職照顧者，卻未考慮他們是否願意和準備承擔此角色。家庭照顧者協會指出，即使有需要照顧的親屬，照顧者仍應擁有權利保護自己、保持個人生活、拒絕無謂罪惡感、接受支持和擁有職涯規劃。

而近年來更發生照顧殺人事件，社會應該意識到**不是每個子女或配偶都適合擔任照顧者**，而不是對此悲劇視而不見，在制定策略和健

康議題時，須考慮文化、性別、健康狀況、社會環境、支持和財經等因素，做出更加全面的考量。

　　而身為家庭照顧者的個人也應認知到，可以根據身邊資源，選擇最能兼顧自己與被照顧者生活品質的照顧方式，使照顧之路更長遠。

第 10 章

共同營造「在地老化」的
概念演變

　　歐美先進國家的高齡照護經驗源自於 19 世紀早期。在此時期，照護具有救助性質，為政府建立機構或養護院，收容 60 歲及以上的老年人，甚至包括囚犯或傳染病患者，最初以救助孤苦無依者為主。這些人沒有家人可以依靠，因此需仰賴政府建立的機構以獲得照顧，並由教堂或市政當局承擔照顧責任、費用。

　　另一種情況是，若家庭無法直接照顧家中長者，亦可協助安置在這些機構中，並且成年子女有責任支付照顧費用。然而，這些機構的照顧環境並非針對高齡者設計，入住者又通常為虛弱或重病，無法離開機構生活。

　　在地老化（Aging in Place）則相對於機構養老，指的是盡量讓需要機構照顧的高齡者不完全依賴機構，而是透過家庭、社區居民、在宅服務人員或社區日間照顧中心等來共同照顧，同時包括當地出生並一直生活在該地區，或雖非當地出生但長期在該地區生活並希望繼續居住的高齡者。政策與措施是由公、私營非營利組織或社區居民共同協助及照顧高齡者，讓他們過著自主、有尊嚴且幸福的晚年生活，無遺憾地走完一生。

❖ 社區與居家是較適合的照顧場域

　　高齡照護的場域主要分為「居家」、「社區」和「照護機構」。在照護機構方面，台灣除了公立機構外，民間也有營利型或私立機構，以及為特定宗教、種族或兄弟團體成員提供服務的機構。然而，這些機構通常會設立標準限制接納對象，無法照顧所有有需求的高齡者。不過另一方面，某些醫院因難以拒絕收容無法治癒的慢性病患者，因此一些由醫院贊助的慈善組織開設附屬照護機構，提供有需求的人照顧服務。

　　然而，實際住在照護機構的高齡者，通常因面臨與家人分開、失去與家人的連結，而感到孤單寂寞，需承受獨自度日的困境。此外，照護機構的服務也可能缺乏「個人化」和人性化的照顧，因為機構需要應對多位居民的需求，無法完全符合個人的喜好和需求。並且在現實情況下，很多台灣家庭可能也負擔不起照護機構的費用。

　　而社區照護是指在社區設施或社區環境中提供照護服務。這種照護方式強調社區的支持和參與，提供社交互動和活動，同時也提供較專業的照護服務。社區照護機構通常提供康復治療、健康管理、日間照護和社交活動等。社區照護的好處在於提供社交和支持網絡，促進高齡者的社會參與和心理健康。不過，社區照護機構的服務也可能受到資源和人力不足的限制，無法滿足所有高齡者的需求。

　　至於居家照護則是讓高齡者能在自己熟悉且舒適的家庭環境中接受照護，保持與家人的連結和獨立性。居家照護通常由家庭成員、親屬或專業居家照護人員提供。這樣的好處是使高齡者能夠持續感受家庭的溫暖和熟悉感，同時擁有更大的自主權和隱私。

分身有術的新孝道

在 1987 年時，美國即至少有三分之一（約 560 萬）的高齡者依賴在宅安老，其中約 19.7% 的 65 歲或以上失能者會使用居家專業服務來達到在地老化的目的，包括居家服務、生活照顧和醫療人員的家訪服務等。

在 1990 年代，需求進一步擴大且對照顧品質有更高要求。首先，高齡者的教育水準提升，更重視生活的獨立自主、隱私維護、自尊和自主選擇。其次，高齡者的經濟水準提高，與其選擇機構居住，他們更希望購買適合自己的照顧服務，這促使居家式服務市場的發展。第三，經過多年的照顧經驗，專業人員意識到，一些失能程度不嚴重的人並不需要全天候密集的照顧服務，相反，協助他們留在家中，保持與家庭和社區的互動更為適宜。

此外，人口老化導致照顧需求不斷增加，照護機構的入住人數也愈來愈多，迫使政府尋找替代機構的其他照護方式。像丹麥、瑞典等歐洲國家已轉而支持居家式服務的發展。而隨著科技的進步，帶來無障礙設施、緊急通報系統和紅外線感應等設備，增加了高齡者居家照顧的安全性。高齡者更透過這些支持性的服務，可以安心地在居家環境中生活。同時，這也讓同住的家屬能更放心地讓高齡長輩留在家中。

總而言之，在地老化強調高齡者能夠在居家與社區中生活，避免因失能而被迫離開熟悉的環境。為此，需要發展適合高齡者居住的環境，並提供社會福利與健康服務。在地老化的概念著重於發展「在地」的健康與照護服務，促使高齡者在熟悉的環境中能夠享受高品質的生活，並獲得社會支持，因而也能增進其社會參與度。

讓家人能夠陪伴長輩，以愛與關心給予長輩支持。這也將符合台灣高齡者傳統上大多期望以家庭照顧的方式度過晚年的期待。

※ 產業角度高齡健康服務大有可為

從另一方面來看，由於醫療部門通常負責急性和亞急性的診斷與治療，一旦離開醫院，醫療協助大多結束。因此當高齡者從醫院接受完治療而回到家中後，他們對相關照顧及生活品質的需求也須受到重視，更反映在地老化為未來的趨勢。

而從醫院回歸到居家社區生活的高齡者，通常處於亞健康與衰弱狀態，尚未進入失能階段，其實僅需透過短期照護的支援，就可以維持與改善其健康狀況。然而衛生福利部在 106 年所推動的「長期照顧十年計畫 2.0」，對於長期照顧對象的定義，僅包含身心失能持續已達或預期達六個月以上的人。若因社會福利的限制，而使「高齡者的照顧需求」只有在已進入需全天候照護的失能階段時，才受重視，其實為時已晚，無法僅透過照顧本身來改善現況。

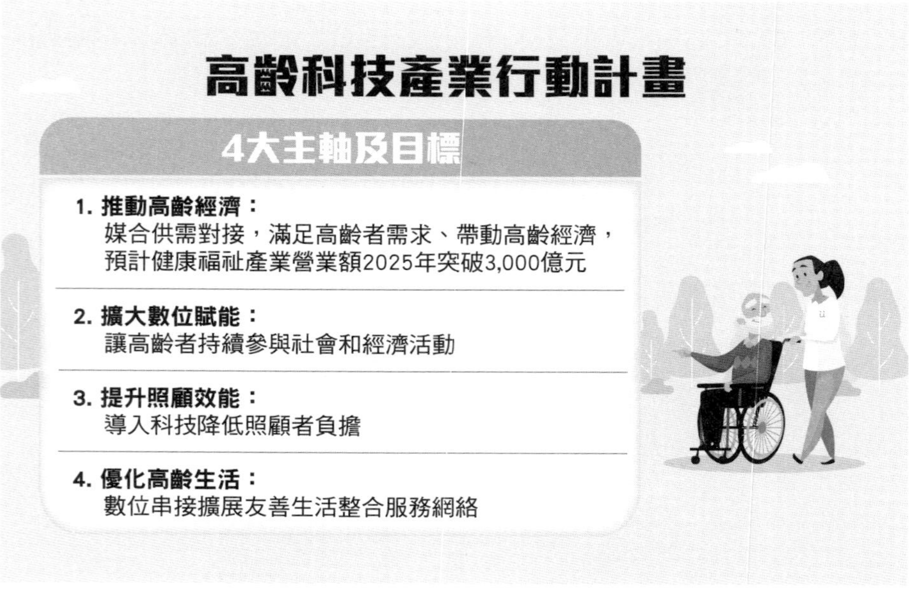
高齡科技產業行動計畫
4大主軸及目標
1. 推動高齡經濟：
媒合供需對接，滿足高齡者需求、帶動高齡經濟，
預計健康福祉產業營業額2025年突破3,000億元
2. 擴大數位賦能：
讓高齡者持續參與社會和經濟活動
3. 提升照顧效能：
導入科技降低照顧者負擔
4. 優化高齡生活：
數位串接擴展友善生活整合服務網絡

在 112 年 9 月 19 日，行政院核定了「高齡科技產業行動計畫」，旨在從高齡者及其照顧者的需求出發，為即將邁入超高齡社會的 2025 年做好準備。該計畫從產業發展、社會參與、智慧科技和友善生活等多個方面推行策略措施，期望為高齡族群提供多樣化的產品。

「高齡科技產業行動計畫」設立了四大主軸：推動市場經濟、擴大數位賦能、提升照顧效能和優化高齡生活。其中，推動市場經濟被視為該計畫的關鍵主軸，其核心目標是帶動高齡經濟，鼓勵高齡產業市場的發展和供需對接。例如，建立能使供應方和需求方有效對接的平台，以確保高齡者的照顧需求能夠迅速得到滿足，並促進供應者與消費者之間的直接交流。

從以往政府主要由衛福部主導長照社會福利的傳統，到 112 年開始，行政院通過「高齡科技產業行動計畫」，由國科會與經濟部、衛生福利部、數位發展部、內政部、教育部、文化部及原住民族委員會等八大部會攜手合作，體現了台灣科技發展「以人為本」的典範。可以看出，政策導向正在從以長照社會福利為主，逐步轉變為行政院帶

高齡照護典範移轉中 Paradigm Shifting

長照社會福利

2025年
超高齡社會來臨
→
行政院高齡科技產業
行動計畫

市場經濟(主)
+
長照社會福利(輔)

領著經濟部、數位發展部推動的市場經濟為主，長照社會福利為輔的模式，這一典範移轉正在發生。

　　而推動市場經濟的關鍵策略，則是鼓勵高齡科技透過不同行業間跨領域的合作，以共同研發及設計更多適合高齡者的產品。並且，高齡科技產品與服務不能僅停留於概念階段，更要能真正運用於日常生活、醫療、照護中，因此需確保其市場的可持續性。這也將是有助於實現在地老化的重要方針。

　　理想的高齡健康服務應該以創造支持高齡者生活的環境為目標，著重於以服務使用者（照顧與被照顧者）為導向，提供具有品質的服務內容。並且，服務使用者也應該要可以選擇服務提供者和交付方式，並在需要時無論何時何地都能獲得合適、符合個人喜好與即時的協助。**最理想的情況是在熟悉的居家環境中，由具備專業健康技能和知識的人提供服務。**

❉ 台灣高齡照護發展方向

　　目前台灣失能長輩人口大約有 46.3 萬人，在台灣的總高齡人口中占比約 16.5%，而國家編列的社會福利預算，即長照 2.0 服務對象，幾乎也僅對這部分的人口進行照護責任的協助承擔。然而，如果從整個高齡照護市場的角度觀察，還有 83.5% 的高齡者是屬於健康、亞健康或衰弱等狀態，對於這些高齡者的照顧需求，則應該推動高齡照護自由市場的發展，讓家庭能夠自主選擇所需的服務，例如食物、衣物、住宿、交通、育樂、健康照護等。

　　然而透過上述政院核定的「高齡科技產業行動計畫」，在推動「高齡市場經濟」的目標下，發展高齡照護自由市場，台灣社會可以

提供多元的選擇，讓高齡者能夠依照個人需求和偏好選擇合適的服務供應商，並且藉由提供訊息透明度、提高市場效率、建立信任機制等方式，在滿足高齡者照護需求的同時，也促使高齡照護自由市場更好地運作。

並且，企業永續發展（ESG）目標中，公司治理（Government）層面鼓勵企業可以與高齡照護相關產業合作，為員工家庭提供照顧方案，減輕員工的照顧負擔；社會責任（Social）層面更鼓勵企業將資源投入高齡照護產業，為客戶及在地社區提供高品質的服務與產品，或支援高齡照護自由市場的發展。

除了推動高齡照護自由市場，台灣還應思考如何在適當的時間點推動高齡金融規畫。透過政府的社會福利、符合市場經濟所發展的照護服務、以及商業保險或安養信託等金融商品，可以提供不同層次和方式的照護和保障。同時，也應該鼓勵志工和社區服務的參與，建立起多管齊下的支持體系，以確保高齡者的健康和社會的全面發展。在實施這些策略時，政府也應該加強監管和監督，確保市場的健康發展和高齡者權益的保護。

其實在 2019 年新型冠狀病毒（Covid-19）疫情期間，照護機構曾受到嚴重影響，並面臨著巨大挑戰。然而，這也為許多創新型的照顧服務模式帶來了發展機遇。基於居家照顧的健康服務不僅滿足高齡者個人護理需求，還結合了醫療和輔助醫療服務、復健服務、心理支持和社交功能等個人服務，讓高齡者能夠在熟悉的家庭環境中獨立進行日常活動。這樣的理想服務採用創新的技術形式，如物聯網、大數據分析和區塊鍊，通過共享平台來滿足高齡者和家庭各種需求。這些技術形式包括時間銀行、線上問安和個人健康諮詢等。這樣結合科技協助照顧長輩的服務選擇，不僅能使家人更加放心，還提供跨越場域限

制的服務，更好地安排未來生活。

總而言之，台灣對於高齡照護應該轉變觀念，不僅強調長期照護，還應該重視預防照護及衰弱照護。這將有助於提升高齡者的生活品質，促進他們健康自立，同時節省社會福利資源的使用。

全社會的參與和支持需要從個人開始轉變觀念，政府可以藉由加強教育和宣導活動，提高公眾對高齡照護的認識和重視。從建立對於健康預防和衰弱照護重要性的認知，到推動高齡照護自由市場的概念，讓公眾意識到他們有多樣化的選擇和權利。

總結來說，面對台灣不斷增長的高齡人口，應該從多個方面著手，以確保高齡者的健康和社會的健全發展。除了國家編列社會福利預算以覆蓋失能長輩的照護需求外，更應該推動老人照護自由市場，提供多元化的服務選擇。

同時，政府應該鼓勵企業重視永續發展，積極參與高齡照護產業以落實企業社會責任。此外，推動高齡金融規畫的時間點也需要考慮，並提供相應的金融服務選擇。最後，鼓勵志工和社區服務的參與，為高齡者提供支援和陪伴。

透過政府、企業和社會各界的共同努力，台灣可以營造一個關愛、尊重和支持高齡者的社會環境，讓他們能夠享受健康、快樂和有尊嚴的晚年生活。同時，這也促進了社會的健全發展，讓社會更加融洽和和諧。

邁向更多樣的未來

總結來說，台灣目前的照護現況，為達到在地老化的目的，政府雖已建立相關社會福利，但長照服務目前為規範性市場，偏屬在社會

福利性質。然而由國家提供作為社會福利的長照服務其成本較高，政府需要提供相應的財政支持，方能形成服務體系，並且需要大量的人力和物力配合。為達到令人滿意的照顧服務，也需要長時間的監測服務品質，與服務的回饋機制，目前還離完整布建尚有很大的空間。

不過，政府目前也制定出高齡科技產業行動計畫，從產業發展、社會參與、智慧科技、友善生活等面向推動各項策略措施，並期望透過各項高齡科技產品與服務帶動高齡經濟、推動市場發展。

由於台灣高齡者照顧或長期照顧的需求問題逐年上升，照顧服務的產業供給市場將勢必擴大，尤其人口急速的老化和慢性疾病增多，已出現愈來愈多照顧服務的需求者，因此照顧產業政策的功能需要再更貼近照顧的需求與反應供給市場。而面對不論是健康及亞健康高齡者，或是不同高齡家庭對於照護的多元需求，都無法單靠政府或非營利組織滿足。

然而透過自由市場機制，消費者（照護服務需求者）能擁有更大的選擇權，是相對政府福利措施更具有彈性的，可以根據自身需求、偏好和預算，選擇最適合自己的產品及服務。同時，自由市場經濟更會推動效率的提升與創新，這也將鼓勵產品及服務的提供更趨多元化與高品質，進而滿足不斷變化的需求。

目前科技日新月異，市場上數位化的產品技術與服務發展愈來愈成熟，也使得在地老化之理想環境發展更容易實現。從年輕人身上常見的穿戴裝置也開始常見於高齡者身上配戴，來感測相關生理數據，並透過數據集成與傳輸、數據加值運算分析，再結合後端的專業健康管理服務建議，進行數據分析與健康照護服務的生態鏈。

隨著軟硬體技術的成熟，預期未來會有數位化的分析來串連個人化的行為改善建議，加上專業健康服務凝聚使用者需求，提升高齡者

對於健康的重視，也讓家屬更能掌握家人的健康狀況，並帶動健康照護產業發展。未來，能掌握技術優勢健康服務，可以結合跨領域的專業，如運動、營養、復健、生活照顧等部分，藉由 AI 數據整合與各專業之間的合作，讓有專業識能的工作人員來協助家屬，在失能之前扭轉衰弱，積極主動地解決高齡者健康問題，使社會環境實現理想的在地老化，讓所有人在未來都能擁有更好的高齡生活。

打造高齡友善空間：
企業職場與金融理財

第 11 章

企業員工福利多樣化，
共創幸福永續

　　近年來，全球永續發展的重要性日益受到重視。為呼應聯合國永續發展目標（SDGs），ESG 相關舉措的推動已成為許多企業不可或缺的一環。在這樣的大環境下，台灣高齡社會的發展趨勢也成為企業所關注的一項重要問題。如何結合企業永續發展目標，為高齡社會帶來正向的影響，是許多企業正在思考的課題。

　　企業在面對高齡社會的挑戰時，可以透過提供友善職場、照顧者支持、社會參與等方式，協助員工平衡工作與家庭照顧的需求，這也將符合 ESG 中，公司治理層面的永續發展。

　　由於企業在照顧員工家庭方面的責任與重要性日益凸顯，除了提供員工本身的福利外，更應該考慮到員工家庭的需求。對於有幼兒的員工來說，提供哺（集）乳室、托兒設施或適當的托兒措施，已經是非常普遍。這些舉措也經證實不僅能照顧到員工家庭的需求，更能提高員工工作的效率與士氣。並且，因有些員工家中有未滿 3 歲的幼兒，而可能需在家撫育，故有企業已提供彈性工時，讓員工可以在家庭與工作之間取得平衡。

　　同理可證，在即將邁入超高齡社會的背景下，員工的「父母」也需要更多的照顧與關懷，因此企業也可以提供不同的福利方案，讓員工有選擇的權利。也能透過提供長期照顧假、彈性工時等措施，讓員

工能夠更好地照顧家中長輩，同時也維持工作生產力。這些措施不僅是為符合聯合國永續發展目標及 ESG 指標的體現，也是成為幸福企業的關鍵之一。

若行此舉，企業也不一定要增加相關福利措施預算，卻能讓員工感受到企業的關心和支持，進而提升員工的工作效能和忠誠度。透過這樣的做法，企業可以成為一個兼具社會責任和經濟效益的企業，為社會創造更多的價值。

總而言之，作為企業，不僅應該關注員工本身的福利，還應該顧及到他們的家庭。在這個高齡社會中，許多身為三明治世代的員工都面臨著需照顧年邁父母和小孩的壓力。因此，企業可以通過提供友善職場、彈性工時和照顧支持等措施，幫助員工在工作與家庭之間取得平衡。而企業在這些方面所投入的精力與資源，不僅能提高員工對企業的滿意度、有助於打造幸福企業，更能讓企業成為社會責任的典範，進而創造一個更具關懷與和諧的社會，帶來更多的正面影響。

第 **12** 章

高齡金融提前規劃

分身有術的新孝道

　　而企業員工隨著年齡增長，也將面臨離開職場進入高齡後的退休生活；又或是家庭中，可能已有正處於高齡階段的長輩，同樣都須面對的是「養老安排」甚至「財富傳承規劃」等問題，這些皆與金融業務和財務投資活動息息相關。而邁入高齡後的民眾也應該意識到，需在健康狀況轉差之前，提前規劃並理解新的理財趨勢。

✿ 高齡金融規劃與健康狀況

　　傳統上，許多金融機構習慣與長照業者合作，專注於將照護服務提供給那些已經進入長照狀態的人。然而長照狀態對於多數高齡者而言，已接近生命晚期，若此時才進行高齡金融規劃，可能引發家庭內部的糾紛。因此，高齡者應該提前進行金融規劃，以減少潛在發生家庭紛爭的風險。

　　對於高齡者而言，高齡金融規劃的時間點應提前至健康狀態為「衰弱或亞健康」時，而不是等到心理或生理狀況已衰退到失能狀態。這樣做的好處是可以降低家庭成員之間在金融財務上的糾紛風險。同時，提前進行金融規劃還能確保高齡者有足夠的時間來了解新的理財趨勢，並做出適當的投資和財富配置決策。

　　如上所述，隨著金融市場和投資環境的不斷變化，高齡者應該理解新的理財趨勢。這包括但不限於長期投資、保險、退休計畫和財富管

理等方面的知識。高齡者應該積極探索適合自己的投資和理財工具，以提高財務安全性和生活品質。

　　金融業在高齡金融規劃中扮演著關鍵角色。尤其應針對高齡族群開發出特殊的金融產品和服務，以滿足他們在養老和財富管理方面的需求。此外，金融業也應該提供有針對性的金融教育和諮詢，幫助高齡族群更好地理解和應對新的理財趨勢，從而能夠為自己做出明智的財務決策。

　　提前規劃和理解新的理財趨勢，對於保障高齡者的財務安全和提高生活品質至關重要。透過提供相應的金融產品、服務和教育，才能確保高齡者能夠在健康狀況轉差之前，為自己做出明智的金融財務決策，享受安樂的晚年生活。

第 13 章

老人卡老屋，
推動房地資產活化

　　另一項台灣的高齡者應該重視的問題為「老人卡老屋」。由於有一大部分的高齡者居住在精華市中心價格飆升的舊公寓裡，雖然因缺乏電梯而行動不便，但由於其對理財工具缺乏了解，因此無法將房產進行資產活化。事實上，透過都更手段或者以房養老等措施，他們可以規劃出更富裕的老年生活，其中將涉及投資、消費、娛樂以及身心靈的提升等多項方面。

　　資產活化是解決高齡者財務問題的關鍵。透過政府執行的都更計畫，高齡者可以將老舊房屋改建為現代化的住宅或商業空間，進而提高其價值。此外，以房養老也能夠實現資產增值，提供更多選擇和自主權，讓高齡者能夠更好地規劃自己的老年生活。

　　資產活化不僅僅關乎房產價值的提升，還與多方面的財務規劃及消費活動相關。其一，高齡者可以將活化的資金投入投資市場，以實現資本增值，增加財務收入。其二，他們可以利用那些活化的資金來提升消費水平，享受更豐富的老年生活，例如旅行、文化活動等。此外，資產活化還可以為高齡人士提供更多的娛樂和身心靈提升的機會，例如參加社交團體、健身活動、學習新技能等。

政府和相關單位也應該提供相應的支持和鼓勵，通過都更計畫或者推動以房養老等各項措施，讓高齡人士能夠將房產進行資產活化，規劃更豐富的老年生活。同時，高齡者應該積極學習理財知識，了解新的投資趨勢和理財工具，以更好地管理和運用自己的資產。這將有助於提升高齡者的生活品質，同時促進整個社會的活躍發展。

第 14 章

傳承，保障家庭財富

　　而隨著台灣人口高齡化的加劇，將在 2025 年邁向超高齡社會，其中失智人口的比例也不斷攀升。這一趨勢為社會帶來了一系列的挑戰，尤其是在「財富管理和遺產規劃」方面。近年來，高齡金融詐騙和遺產糾紛等問題時有發生，社會迫切需要新的金融工具和法律觀念，以應對這些挑戰並確保財富傳承的順利進行。

　　財富傳承規劃是高齡者和他們的家庭所面臨的重要議題。首先，它關乎親情。通過制定適當的財務計畫，高齡者可以確保他們的子女和家人得到經濟上的支持和保障。這樣的規劃還可以加強家庭成員之間的聯繫和相互關懷，促進家庭和諧。

　　其次，財富傳承規劃涉及法律觀念的轉變。遺囑信託和意定監護制度等新興的法律工具，為高齡族群提供了更多的選擇和保護。遺囑信託可以確保財產有序分配，避免家族內部的爭產爭議。而意定監護制度則可以保障高齡者在失智狀態下的權益，確保他們得到適當的照護。

　　最後，財富傳承規劃還可以幫助人們在晚年更清楚地了解這一生的意義，追尋更有意義的事。通過計畫和管理自己的財富，高齡者可以為他們的家人和社會留下遺產，實現自己價值的傳承，並可能為社會帶來積極的影響。

　　總結來說，面對台灣邁向超高齡社會的現實，需要更重視高齡者的財富傳承規劃。透過引入新的金融工具和法律觀念，如安養信託、遺囑信託和意定監護制度等，可以保護高齡者和他們的家庭免受金融詐騙和遺產糾紛的威脅，同時實現財富的順利傳承。並且能夠加強家庭親情聯繫，推動社會觀念的轉變，以幫助人們在晚年時有能力追尋更有意義的事，為社會的發展做出貢獻。

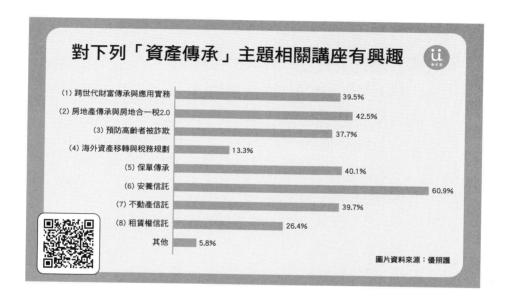

對下列「資產傳承」主題相關講座有興趣

(1) 跨世代財富傳承與應用實務　39.5%
(2) 房地產傳承與房地合一稅2.0　42.5%
(3) 預防高齡者被詐欺　37.7%
(4) 海外資產移轉與稅務規劃　13.3%
(5) 保單傳承　40.1%
(6) 安養信託　60.9%
(7) 不動產信託　39.7%
(8) 租賃權信託　26.4%
其他　5.8%

圖片資料來源：優照護

第 15 章

第三方援助

　　再次回到本章的核心訊息：推動良好的高齡照護為何必須有金融和財務支援？從前面的篇章中可知，由於目前第一代長輩的多數資產都為房地產，他們往往不積極投資也不消費。與此同時，第二代上班族子女常常處於夾心狀態，一邊需要照顧自己的高齡父母，一邊還要負擔尚在求學的子女。這種三明治時代的困境，迫切需要社會解決。

　　根據《財訊》報導，2022 年台灣全年死亡人數首度突破 20 萬，達到 20 萬 7230 人，年粗死亡率為 8.89‰。這一數字打破了 66 年來的最高紀錄，也導致遺產稅和贈與稅收入創下歷史新高。更重要的是，房屋繼承和贈與件數也創下新紀錄，顯示台灣正在經歷著規模空前的財富世代移轉潮。面對這樣的趨勢，高齡金融規劃變得格外重要。

　　高齡金融規劃是一個全面策略，目的是為退休與養老生活提前做好規劃。儘管人們經常在健康衰退時才開始考慮晚年的金融規劃，但其實最佳的開始時間應該是在健康狀態良好時，其次則是身體衰弱或亞健康時期。當人們健康狀態良好時，能夠更清晰地思考並計畫未來，而能夠全面評估自己的需求和目標，確保金融規劃與他們的生活期望相符。

　　提早開始高齡金融規劃也可以讓高齡者有更多時間進行投資和儲蓄。如此一來，他們便能夠積累足夠的資金，應對日益增長的醫療和生活費用。這種提前計畫還能減輕財務壓力，確保長輩在退休後依然享有良好的生活品質。

分身有術的新孝道

最後，高齡金融規劃還包括為遺產事宜做好準備。提前規劃可以確保高齡者的財產順利傳承給下一代，同時減少稅務負擔和法律問題。這樣一來，高齡者可以留下有價值的資產給家人，同時為自身的老年生活提供更穩定的支持。

第一代高齡者的傳承規劃對第二代產生的影響不僅體現在金錢上，還涉及價值觀和生活方式的傳承。

首先，**第一代高齡者的金融規劃為第二代提供了穩固的經濟基礎**。透過適當的投資和資產管理，第一代可以確保第二代擁有足夠的資金用於教育、創業或其他目標。這種經濟傳承有助於提供穩定的經濟支持，讓第二代能夠更好地實現自己的夢想和目標。

其次，**第一代高齡者的金融規劃可以傳承家庭財務價值觀**。透過與第二代的交流和教育，他們可以分享自己的理財經驗和教訓，幫助第二代建立正確的金融觀念和良好的財務習慣。這種價值觀和智慧的傳承有助於第二代在財務管理方面做出明智的選擇，並為自己的未來做好準備。

最後，**第一代高齡者的財富累積也可以在他們進入衰弱狀態時，提供第二代照顧者支付照護和醫療服務的支持**。在這個三明治時代下，第二代不僅需要負責照顧雙親，還要承擔撫育子女的責任。若第一代能提前做好高齡金融規劃，便能大大減輕第二代身上的負擔。

在面對高齡金融規劃的挑戰時，運用新的觀念和科技是關鍵所在。如圖五所示，透過第三方金融業的援助，能讓第一代重新思考如何運用金融工具，以滿足他們晚年養老及傳承的財務需求。同時，第二代也能充分利用現代科技，如第三方短期照護服務等，來確保父母的健康得到妥善照顧。這樣的結合才能營造出兩代人都擁有穩定和快樂的家庭關係和生活品質。

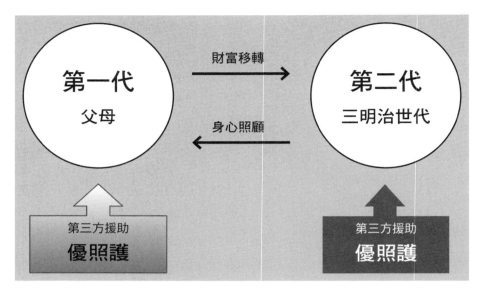

↑ 圖五 市場需求：高齡金融＋高齡照護

　　這種全新的觀念和科技的運用，能為家庭帶來穩定和幸福。長輩可以在安心享受晚年的同時，也為下一代留下有價值的遺產和智慧。而第二代則能夠更充實地平衡工作和照顧家庭的責任，確保家人的健康和幸福。

　　透過所有人共同努力，推動這些新觀念和科技的應用，便能創造一個兩代人都能夠擁有穩定快樂的家庭關係和豐盛生活品質的未來。以開放的心態迎接高齡社會的挑戰，並以創新的方法和科技來實現長者和家庭的金融需求。只有這樣才能共同建立一個充滿關愛和幸福的社會。

第 16 章

志工參與滿足高齡者社交需求

　　根據 104 人力銀行於 111 年調查 500 名 50 歲以上求職者的求職理由，結果顯示超過 65% 的台灣中高齡求職者「希望能保持社會參與和交流」，彰顯了社交需求在他們生活中的重要性。其實對於高齡照護場域來說，就算不是全職工作，志工的參與對於滿足中高齡者的社交需求也是至關重要。

　　在高齡照護場域中，志工的參與被證實是一個重要且合適的解決方案。大多數合適的志工年齡介於 50 至 70 歲之間，他們透過參與志工活動，不僅回饋社會，同時也滿足了自身的社交需求。這對於中高齡者來說，是一個有意義的生活選擇，讓他們繼續尋找自我實現的價值，而不只是依賴於物質層面。

❀ 金融業參與優時間銀行雲

　　同時，為了鼓勵金融業參與高齡照護場域，優照護提出「優時間銀行雲」作為一種解決方案。這個平台可以協助金融業者從 ESG（環境、社會與公司治理）的角度來參與高齡照護，並透過區塊鏈技術來追蹤和記錄相關的志工活動。這樣的參與不僅有助於金融業擴展其社會責任，也能夠提供更多的社交機會給中高齡者。

❖ Ikigai：在職人員的思考面向

日本的「Ikigai」（意義）理論對於 50 歲以上的在職人員來說可能是一個很好的思考面向。Ikigai 指的是四個層面的交集，包括公司需要、員工擅長、員工喜歡和世界需要。只有當這四者吻合時，員工才能找到生活的意義和價值。

高齡照護和金融業的結合能產生共益的效應。金融業者通過員工志工和社區共益活動，不僅滿足員工的社交需求，同時也為社會提供了更多的幫助。這種共益的合作將有助於共創幸福永續的未來。

因此，高齡照護和金融業之間的聯繫是重要的。由於志工參與是滿足中高齡者社交需求的一個重要解決方案，同時也能帶來共益效應，金融業者可以透過投入在參與高齡照護領域，滿足 ESG 和社會責任，同時為中高齡者提供更多社交機會，讓他們共創幸福永續的美好未來。

及早幫忙家人規劃照顧生活

　　高齡化的社會趨勢下，健康服務需求不應僅以單一市場為導向，而應轉向由「產業」提供照顧的模式。政府需理解福利服務和產業化發展的差異，以避免限制高齡者及其家屬的使用。

　　政府應對符合社會福利資格的弱勢群體承擔基本照顧責任，而有能力購買服務的家庭則應能透過多元部門的市場供給購買健康服務。

　　政府可制定規範，以「人性」和「專業」為核心價值，並重視人的基本福利需求和照顧服務。**未來的照顧政策應致力於提供持續性照顧，促進高齡者的獨立和自主。照顧產業的發展需要順暢的溝通管道、透明的派遣流程和費用，並以「以需求者為中心」的角度設計易於操作的服務輸送平台，讓使用者和家屬感到便利和安心。**

　　只有這樣，民眾才可能願意付費購買適合自己的照顧服務。照顧產業的服務產品應經得起消費者的考驗，才能「創造」出更多的照顧「需求」。因此，產業化的專業供給和人性化的需求是相輔相成、密不可分的。透過資源整合的連動效應，以新的思維方式解決高齡者廣泛的需求問題。建議家人及早幫忙規劃照顧生活。

　　雖然現代人壽命延長，但比以前更難依靠養兒防老。隨著景氣起伏、各種社會波動，現在的年長者更擔心「活太長」的未來，老後想靠子女扶養變得不切實際。再加上不生不婚、頂客族增多，無法再以過去子女輪流照顧方式支撐失能的人生下半場。市場經濟的發展、商業保險或安養信託等產品應運而生，成為人生下半場的防護方式。

隨著人口老齡化趨勢的加劇，許多台灣家庭正面臨著高齡照護的挑戰。在這個現象中，第二代成為了「三明治世代」，既需要照顧自己的子女，又需要照顧年邁的長輩。然而，現代社會提供了一些解決方案，使第二代能夠獲得外部援助，同時顧好長輩的身心健康，自己也不會承受過大的壓力。

　　短期照護機構成為了一個可行的選擇，為第二代提供援助。這些機構專注於提供短期照護服務，以幫助家庭應對高齡照護的需要。這些服務通常包括日常生活的協助，如洗澡、進食和簡單的家務事。透過這些機構的協助，第二代能夠在照顧長輩的同時，獲得時間和空間照顧自己和家庭的其他成員。這種分擔和支援可以減輕第二代的負擔，使他們能夠更好地平衡工作、家庭和照顧職責。

　　從日本的經驗來看，他們提供長期照顧服務的類別包括營利與非營利組織，也發現在市場競爭之下，當服務提供者在數量較多，可以讓照顧市場活絡，並讓非營利服務提供者思考如何增加對照顧者的服務。如果未來台灣的長期照顧改革只關注於成本控制和限制服務的使用，對消費者的使用彈性則更為縮限，長久下來並非好事。

　　而以加拿大的經驗來看，服務使用者認為自由市場發展的照顧服務通常會具備較完成的標準流程，如接洽個案、評估、到導入服務、滿意度回饋等，因此在市場競爭過程，符合市場經濟的服務有可能讓使用者感受更佳。總體而言，雖然照顧市場在不同國家的情況有所不同，但在許多國家，由於醫療保險制度的限制或老年人口的增加，自由發展的照顧市場都在不斷擴大。

　　未來消費者並不限於年長者本身，全家都可以是健康照護決策者，不只是照顧領域，更講求注重高齡者與家庭的「健康福祉」，也就是要以人和家庭的需求出發，滿足中高齡食衣住行育樂等生活需

求，這些更需要多種產業投入，滿足身為人的各種需求。如健康促進服務，藉由提供健康相關產品與服務，滿足使用者對於飲食健康、運動健身、心靈健康、健康管理等需求，幫助年長者在居家與社區生活都可以達到鍛鍊與功能維持，其中包含預防、支持、維持、強化等面向，都屬於健康促進產業之範疇。

另一方面，在保健養生，如運動健身器材、運動健身穿戴裝置、心靈紓壓用品、健康餐食與輔具器材等方面，也需因應高齡者的多元需求。更不只要著重在失能後期照顧，企業還需要往失能前端的健康高齡者、家庭端合作，發展貼近消費者需求的服務與產品。

國家圖書館出版品預行編目資料

分身有術的新孝道：家人照護的另一種選擇／優照護編輯室撰
文.——初版.——臺中市：晨星出版有限公司，2024.07
　　面；公分.——（勁草生活；560）

ISBN 978-626-320-892-6（平裝）

1. CST：老人養護　2. CST：長期照護

544.85　　　　　　　　　　　　　　　　　　　　113009704

勁草生活 560	分身有術的**新孝道** 家人照護的另一種選擇

監修策畫	劉詩瀚
撰文	優照護編輯室（徐嘉檣、柯任桂、邱琬育、連颯瑜、李文娟、陳宏益等）
主編	莊雅琦
編輯	莊雅琦、何錦雲、張雅棋
網路行銷	林宛靜、張雅棋
校對	何錦雲、莊雅琦、張雅棋
封面設計	王大可
美術編排	林姿秀

創辦人	陳銘民
發行所	晨星出版有限公司
	407台中市西屯區工業30路1號1樓
	TEL：04-23595820　FAX：04-23550581
	E-mail：service-taipei@morningstar.com.tw
	http://star.morningstar.com.tw
	行政院新聞局局版台業字第2500號
法律顧問	陳思成律師
初版	西元2024年07月23日

可至線上填回函！

讀者服務專線	TEL：02-23672044／04-23595819#212
讀者傳真專線	FAX：02-23635741／04-23595493
讀者專用信箱	service@morningstar.com.tw
網路書店	http://www.morningstar.com.tw
郵政劃撥	15060393（知己圖書股份有限公司）

| 印刷 | 上好印刷股份有限公司 |

定價 350 元
ISBN　978-626-320-892-6

Published by Morning Star Publishing Inc.
Printed in Taiwan